Jens Corssen

Der Selbst-Entwickler

Das Corssen Seminar

Jens Corssen

Der Selbst-Entwickler

Das Corssen Seminar

beustverlag

Bibliografische Information Der Deutschen Bibliothek
Die Deutsche Bibliothek verzeichnet diese Publikation in der Deutschen Nationalbibliografie; detaillierte bibliografische Daten sind im Internet über http://dnb.ddb.de abrufbar.

1. Auflage 2002

beustverlag, Fraunhoferstr. 13, 80469 München
www.beustverlag.de

Lektorat: Jürgen Bolz, Friedberg
Layout, Satz und Produktion: Cura Media, Alling
Umschlagdesign: Zero, München
Druck: Ebner & Spiegel, Ulm

ISBN 3-89530-072-1

Printed in Germany

Gewidmet meinen Seminarteilnehmern

Inhalt

Vorwort	9
Was ist Erfolg?	19
Selbst-Verantwortung	29
Freudige Gestimmtheit erlangen	35
Eigen-Macht statt Ohn-Macht	36
Wo ich bin, will ich sein	38
Was ist, ist	51
Die Situation ist mein Coach	60
Das Wichtigste in Kürze	68
Selbst-Bewusstheit	71
Was denke ich über mich und das Leben?	71
Die mentale Stabilität erhalten	74
Automatische Störgedanken und Grübeleien	74
Selbsthynosen	82
Selbstbegrenzungen	86
Glaubenssätze und irrationale Muss-Annahmen	88
Was kostet mich mein Denken?	96
Das Wichtigste in Kürze	98
Selbst-Vertrauen	103
Selbstverpflichtungen einhalten	105
Die Visionstechnik	109
Ich gebe mein Bestes	115
Die ultimative Erfolgsformel	119
Will ich mein Ziel wirklich erreichen?	124
Das Wichtigste in Kürze	127

Selbst-Überwindung 131

Schmerzvermeidung bei Entscheidungen 133

Schmerzvermeidung in der Konfrontation mit anderen Menschen 136

Schmerzvermeidung im Umgang mit der eigenen Software 137

Vom erfolgreichen Umgang mit Abweisungen 141

Glück ist eine Überwindungsprämie 148

Neue Wege gehen 151

Das Wichtigste in Kürze 154

Statt eines Nachwortes 157

Anhang 161

Beiträge meiner Gesprächspartner über sich und bestimmte Lebenssituationen 161

Verzeichnis der Übungen und Aufgaben 164

Register 165

Vorwort

Angesichts der Vernetztheit moderner Unternehmensstrukturen fällt es gerade Global Playern trotz größtem persönlichen Einsatz ihrer Mitarbeiter immer schwerer, die gesetzten Unternehmensziele zu erreichen. Eine zunehmende Leistungsdichte, immer rascher ablaufende Entscheidungsprozesse und unwägbare äußere Faktoren beeinflussen das Management in einer Weise, die persönlichen Erfolg immer öfter dem Zufallsprinzip unterwirft.

Auf die Dauer ist das demotivierend, und nicht wenige Mitarbeiter in den großen Unternehmen fühlen sich im Sinne der klassischen griechischen Tragödie »unschuldig schuldig«: Sie haben ihr Bestes gegeben, doch der Erfolg bleibt ihnen versagt.

Dennoch: Als Führungskraft zeichnet man auch für den Misserfolg verantwortlich. Werden sich deshalb in nicht allzu ferner Zukunft immer mehr Manager als Versager fühlen? Werden sie ihren Unternehmen nur mehr in einer depressiven Grundstimmung dienen können? Werden sie nur noch zynisch und sarkastisch auf erlebte Ohnmachtssituationen reagieren?

Nach einer aktuellen Gallup-Studie haben nur 16 Prozent der deutschen Angestellten Freude an der Arbeit, 14 Prozent haben bereits die innere Kündigung vollzogen und 70 Prozent machen nur noch Dienst nach Vorschrift. Der Schaden, der dadurch entsteht, geht nach Angaben der Studie in die Milliarden.

Ich habe diese Demotivation in vielen Beratungsgesprächen kennen gelernt. Immer wieder kommen Ängste, Selbstvorwürfe und Schuldzuweisungen zum Vorschein.

Aus diesem Grund will ich im Folgenden nicht nur aufzeigen, wie innere Hindernisse überwunden werden können. Vielmehr biete ich eine aus meiner Sicht zeitgemäße Definition von »Erfolg« an, die eine positive Gestimmtheit dem Leben gegenüber und die Entwicklung der eigenen Persönlichkeit in den Mittelpunkt stellt. Beide Faktoren sind für das Erreichen von Zielen unverzichtbar. Mit anderen Worten:

- Selbst-Management ist erlernbar und notwendiger denn je.
- Selbst-Management heißt, sich bewusst zu führen und zu entwickeln.
- Persönlichkeitsentwicklung ist letztlich »Software«-Entwicklung (das heißt: Veränderung der eigenen Einstellung).

Nach Auffassung von Fredmund Malik, Leiter des renommierten Management-Zentrums St. Gallen, erhöht richtiges Management die Leistungsfähigkeit, die Wettbewerbsfähigkeit und die Lebensqualität: »Management ist das gestaltende und bewegende Organ einer Gesellschaft und ihrer Institutionen.« Und was für Unternehmen im Allgemeinen gilt, das gilt für unsere Selbst-Entwicklung im Besonderen!

Nun haben auch Sie sicher schon viel über das erfolgreiche Handeln von »Gewinnern« gehört und gelesen. Und sicher haben Sie alles verstanden und waren begeistert, doch nach einiger Zeit mussten Sie feststellen, dass die anfängliche Euphorie im alltäglichen Einerlei nahezu wirkungslos verpufft ist. Keine Angst – es geht nicht nur Ihnen so! Dabei kennen Sie (und ich und all die anderen) den Wirkungszusammenhang genau: Wissen ohne Bewegung hat noch nie zu merklichen Veränderungen geführt. Und auch umgekehrt gilt: Bewegung ohne Wissen ist stets ziellos und geht ins Leere. Information und Wissen sind heute anerkanntermaßen unsere wichtigsten Ressourcen. Doch was nützt alles Wissen und alle Information, wenn der Einzelne für sich selbst nicht die Voraussetzungen schafft, um das Gewollte auch umzusetzen? So bleibt die alles entscheidende Frage offen: »Warum mache ich nicht das, was ich als richtig erkannt habe?« Ich werde immer wieder gefragt, weshalb so wenig hängen bleibt von den zahlreichen praxisorientierten Anleitungen zum erfolgreichen Selbst-Management.

Die schlichte Antwort: Weil die jeweiligen Erkenntnisse und Vorgaben nicht oft genug wiederholt werden. Die permanente Wiederholung ist »die Mutter des Lernens«, denn nur durch ständige Wiederholung materialisieren sich Ideen auf der Verhaltensebene – ich werde im Folgenden mehrfach darauf hinweisen (und darüber hinaus im Verlauf meiner Ausführungen wichtige Sachverhalte im gebotenen Umfang und an entsprechender Stelle wiederholen)! Es geht nicht darum, einen Zustand zu erreichen, in dem wir alles unter Kontrolle haben. Unser Ziel sollte es sein, im Wachstumsprozess zu bleiben: Schon das Bemühen veredelt das Tun!

Für den Erfolg genügt es, die persönlich relevanten Informationen immer wieder zu lesen. Das kostet nicht mehr als 15 bis 30 Minuten am Sonntagmorgen. Oder Sie lesen sich täglich eine zentrale Information laut vor, und erst wenn Sie merken, dass diese Information gegriffen hat, wählen Sie eine neue Information – für diesen Zweck habe ich die wichtigsten Aussagen am Ende dieses Buches zusammengefasst (siehe Seite 158).

Persönliches Wachstum kann natürlich auch gemeinsam mit einem Partner gelingen, indem Sie sich gegenseitig coachen. Hierzu treffen Sie sich mit Ihrem Partner regelmäßig und wiederholen bei diesen Meetings die für Sie wichtigen Inhalte bzw. berichten über das eigene Bemühen. Bitte erteilen Sie sich dabei gegenseitig keine Ratschläge, sondern hören Sie nur zu und fragen Sie nach.

Die Ausführungen dieses Buches beschränken sich nicht auf analytische Erklärungen, sondern geben auch Anregungen, wie leidvolle Situationen gemeistert werden können. Es mag Sie überraschen, dass ich dabei nicht nur Beispiele aus dem Wirtschafts- und Berufsalltag heranziehe, sondern auch ganz alltägliche Situationen aus dem Privatleben. Das hat zwei Gründe:

- Zum einen geht es in turbulenten Zeiten wie diesen auch darum, beruflichen Stress nicht ins Privatleben ausstrahlen zu lassen, sondern im Gegenteil das Privatleben als Gegenpol zu nutzen und sich in einem Bereich, in dem man eigenverantwortlich gestalterisch tätig werden kann, »Inseln des Funktionierens« zu schaffen. Das wirkt auch zielfördernd im beruflichen Umfeld. Menschenführung, soziale Kompetenz und Empathie sind bedeutende Faktoren für den beruflichen Erfolg – wer nicht gut drauf ist, wird diesen Ansprüchen auf Dauer nicht genügen können.
- Zum anderen ist es nicht immer einfach, die im Folgenden beschriebenen Anregungen und Übungen sofort auf den Berufsalltag zu übertragen. Ich rate meinen Seminarteilnehmern, die Anleitungen, die zu einer Veränderung von Denk- und Verhaltensmustern führen, vornehmlich im »neutralen Bereich« umzusetzen. Nutzen Sie als Change-Manager also die Familie, den Freundeskreis, ihre Hobbys usw. als Versuchslabor.

Die Chance, in diesen Bereichen anzuecken, Kopfschütteln hervorzurufen oder als zu »kantige Persönlichkeit« abgestempelt und bestraft zu werden, sind vergleichsweise gering – auf diese Weise steigen Ihre Möglichkeiten, als »übender Meister« im Lernprozess zu bleiben und sich zu entwickeln, hin zu mehr Selbstliebe, zu mehr Toleranz und zu erfolgreichem Tun.

Dauerhafter Erfolg basiert - besonders in Zeiten raschen Wandels – auf einer *notwendigen* Veränderung zunächst des eigenen Denkens und, als Folge davon, des selbstverantwortlichen Handelns – das ist die Botschaft, die von diesem Buch ausgeht.

Aus der Erfahrung und der Erkenntnis heraus, dass die gegenwärtigen politischen, wirtschaftlichen und gesellschaftlichen Herausforderungen immer noch bessere, noch effizientere Strategien und Lösungen verlangen, wage ich die Prognose, dass wohl auch in Zukunft noch mehr Lehren und »Management by…«-Techniken den Markt überschwemmen werden. Not macht eben erfinderisch.

Dem setze ich die Behauptung entgegen, dass es nicht darauf ankommt, noch mehr desselben zu tun, sondern – frei nach Paul Watzlawick – eine Lösung »zweiter Ordnung« zu finden. Nicht *es* muss man ändern, sondern *sich selbst*, genauer gesagt: *das eigene Denken*, die Glaubenssätze, die uns daran hindern, in Zeiten des Wandels Gewinn bringend handeln zu können! Genau hier liegt, um es einmal salopp zu formulieren, der Hase im Pfeffer. Wer sich buchstäblich nicht selbst *entwickelt* und damit bereit ist, seine Sicht der Dinge in Frage zu stellen, seine *Software* zu überprüfen und zu ändern, läuft Gefahr, dass sein Denken zum Auslaufmodell wird und er so den Anschluss verliert.

Mein sehr geschätzter Kollege Prof. Peter Kruse spricht in diesem Zusammenhang von der Gefahr des vorsichtigen Beharrens auf der gewohnten Funktionsoptimierung. Der knallharte Wettbewerb erfordert jedoch auch mutige Prozessmuster-Wechsel als Strategie für erfolgreiches Change-Management. Die Voraussetzungen dafür schafft, wer sich ganz bewusst entscheidet, ein SELBST-ENTWICKLER zu sein. Er wartet nicht darauf, dass sich etwas ändert, sondern nutzt die Gegebenheiten als Trainingseinheiten für persönliches Wachstum und betrachtet das Leben als Ganztagsschule – ohne Ferien.

Wenn er zur Bewusstheit über sich, die anderen und den Lauf der Dinge gelangt, wird er den gegenwärtigen und künftigen Herausforderungen gewachsen sein und sich vom Opferspieler, der am Leben leidet, zum freudig gestimmten Gestalter seines Erlebens und Handelns entwickeln!

Dieses Konzept – der SELBST-ENTWICKLER – könnte auf Vorbehalte stoßen: Heute seien derlei Dinge Luxus, heute frage keiner, ob wir uns gut entwickeln, heute komme es darauf an, nicht auf der Ersatzbank zu landen, sondern im Spiel zu bleiben und die eigene Position zu behaupten. Die materielle Sicherheit erhalten – das sei gegenwärtig das Ziel!

Ich möchte an dieser Stelle ausdrücklich darauf hinweisen, dass die Entscheidung zum SELBST-ENTWICKLER weder mit pädagogischen noch mit moralischen Beweggründen verknüpft ist. Sie dient allein dem Ziel, durch kluge und pragmatische Selbstführung den Umgang mit sich selbst, mit anderen Menschen und mit dem Auf und Ab des Lebens erfolgreich zu gestalten:

- Im Kontext des SELBST-ENTWICKLERS gelingt es leichter, berufliche Herausforderungen und Probleme innovativ und Gewinn bringend anzugehen und dabei die eigenen Potenziale wirksam zu nutzen.
- Durch die spezielle Art, sich selbst und andere sowie Situationen zu beurteilen, erschafft sich der SELBST-ENTWICKLER auch in schwierigen Zeiten die notwendige Gelassenheit und den Mut, seine Ziele zu erreichen.
- Die Kenntnis und die bewusste Nutzung geistig-seelischer Gesetzmäßigkeiten (die den ökonomischen durchaus gleichen) versetzen den SELBST-ENTWICKLER in die Lage, auch den Turbulenzen im privaten Bereich mit Würde und wacher Lernbereitschaft zu begegnen.

Meine Klienten und Seminarteilnehmer vom Wollen zum Tun zu begleiten, das ist meine tägliche Aufgabe als Lehrer und Coach für Persönlichkeits-Entwicklung. Was ich hier an Einsichten, Gedankenanstößen und Ratschlägen vor Ihnen ausbreite, ist die verdichtete Erfahrung aus dreißig Jahren Umgang mit der »Variable Mensch«, die in einschlägigen Sachbüchern nicht erwähnt wird. Die folgenden Ausführungen beschreiben die Themenschwerpunkte meiner SELBST-ENTWICKLER-Seminare:

- Exzellentes Selbst-Management
- Die Persönlichkeit macht den Unterschied
- Mentale Stabilität im Wandel
- »Inner Coaching« - von Sportlern lernen
- Der SELBST-ENTWICKLER macht Umsatz
- Wie man sich und andere erfolgreich führt

Die vier Instrumente des SELBST-ENTWICKLERs – Selbst-Verantwortung, Selbst-Bewusstheit, Selbst-Vertrauen, Selbst-Überwindung – sind nach meiner Erkenntnis das Beste, was ich einem Menschen, der sein Leben in seinem Sinn erfolgreich gestalten möchte, anbieten kann. Nutzen Sie meine Erfahrungen und Erkenntnisse auf Ihrem Lebensweg – Sie würden dieses Buch ohnehin nicht in Händen halten, wenn Sie nicht der Ansicht wären, dass Ihnen noch etwas zu Ihrem Glück fehlt.

Das *Was* bestimmen Sie – ich sage Ihnen, *wie* Sie es erreichen können. Das Streben, anders zu sein als die anderen, die Bereitschaft, Risiken einzugehen, immer in Bewegung zu bleiben und bei allem, was man tut, zu lernen – das korreliert mit privatem und beruflichem Erfolg.

Wer sich hingegen unreflektiert einem gesellschaftlich anerkannten oder geforderten Idealbild anpasst, läuft Gefahr, seine gerade heute noch Gewinn bringende Einzigartigkeit und seine individuellen Stärken zu vernachlässigen. Er versteift sich auf diese Weise auf ein »Schwächen-Management« – mit unerfreulichen Nebenwirkungen. Nach Fredmund Malik haben erfolgreiche Menschen drei Gemeinsamkeiten:

- Regeln und Grundsätze disziplinieren ihr Verhalten.
- Sie erledigen ihre Aufgaben mit großer Sorgfalt.
- Sie befleißigen sich einer methodisch-systematischen Arbeitsweise.

Übertragen auf den Kontext einer erfolgreichen Selbstführung heißt das:

- Ich halte meine eigenen ethischen Grundsätze und Selbstvereinbarungen ein.
- Ich mache das, was ich tue, so gut ich heute kann.
- Ich nutze die vier Instrumente des SELBST-ENTWICKLERS konsequent für mein persönliches Entwicklungs- und Erfolgsprogramm – geleitet von dem Wissen, dass nur stetig wiederholte Einsichten zu einer dauerhaften und tief greifenden Veränderung im eigenen Denken führen und sich dann auf der Verhaltensebene materialisieren.

In diesem Sinn heißt erfolgreich sein, als SELBST-ENTWICKLER das so genannte *innere Spiel* zu gewinnen, vom Wissen zum Wollen und vom Wollen schließlich zum Tun zu gelangen. Dabei wünsche ich Ihnen viel Freude und Erfolg!

Jens Corssen
München, im November 2002

Selbst-Verantwortung

Wo ich bin will ich sein
Ich entscheide selbst

Selbst-Bewußtheit

Ich weiß was ich will u. kann
Quatschi -> Konzentration -> Gedanken-disziplin

Selbst-Vertrauen

Deine Vision wird kommen: Schritt f. Schritt
Selbstverpflichtungen -> Training

Selbst-Überwindung

Schmerz; ja sofort

Was ist Erfolg?

In kenne viele Menschen, die sich in ihrem Beruf über alle Maßen engagieren und dabei depressiv werden. Weil sie sich anstrengen und doch keinen Erfolg haben – eine persönliche Empfindung, die mehr und mehr Menschen wie ein Virus befällt.

Was vor einigen Jahren mit vergleichsweise einfachen Computer-Netzwerken begann, ist heute mit dem Internet zum Charakteristikum unserer Zeit geworden: Wir sind vernetzt, und das rund um den Erdball. Im schlimmsten Fall erleiden wir das Schicksal, das jeden Global Player treffen kann: In Singapur geht's drunter und drüber, und Nokia bekommt keine Ersatzteile. Oder Währungs- und Börsenschwankungen haben Millionenverluste zur Folge. Alle Akteure haben ihr Bestes gegeben, aber unter dem Strich haben sie das gesteckte Ziel nicht erreicht.

Die Arbeit – und damit der Erfolg – insbesondere von weltweit vernetzten Unternehmen ist im Zeitalter der Globalisierung von so vielen Unwägbarkeiten abhängig, dass der Einzelne an seinem Arbeitsplatz oftmals machtlos geworden ist. Eines der bekanntesten Beispiele hierfür ist das Engagement von BMW bei Rover in Großbritannien. Nachdem die Sache ausgestanden war, zeigte sich, dass die betroffenen Mitarbeiter, vor allem diejenigen, die sich ihren Aufgaben mit aller Entschiedenheit gewidmet hatten, völlig frustriert waren. Sie hatten sich wirklich angestrengt, sich dem Projekt mit Begeisterung hingegeben und vieles dafür geopfert – und dennoch blieb ihnen der Erfolg auf Grund äußerer Einflüsse versagt.

Das ist nur ein Beispiel von vielen, aber stets zeigt sich das gleiche Muster: In einer vernetzten Welt kann der einzelne

Mitarbeiter leicht zu einer »quantité négligeable«, zu einer vernachlässigbaren Größe werden. Nicht mehr allein seine Leistung ist entscheidend für das Fortkommen seines Unternehmens, sondern die Aktienkurse in New York, der Ölpreis in Rotterdam, ein Erdbeben in Japan …

> *Die eigene hervorragende Leistung ist kein Garant mehr für das Erreichen von Zielen.*

In der heutigen Zeit müssen Mitarbeiter, besonders jene in den großen Unternehmen, lernen, dass Leistungsfähigkeit und Erfolg oft nicht mehr direkt miteinander verbunden sind. Es gibt keine Garantie für Erfolg mehr: »Ich kann mich noch so leidenschaftlich und konsequent in eine Aufgabe verbeißen, trotzdem weiß ich nicht, ob diese Anstrengung sinnvoll ist. Das Unternehmen fusioniert vielleicht, und alles ändert sich. Mag sein, dass die Produkte, an deren Entwicklung ich mitarbeite, nie zur Marktreife gelangen und die Abteilung aufgelöst wird. Ich habe wegen der Arbeit meine Kinder vernachlässigt, ich habe meine Ehe aufs Spiel gesetzt – und alles war umsonst!«

Derlei resignierte Aussagen höre ich immer wieder. Nicht wenige Mitarbeiter kündigen in solchen Situationen innerlich oder verfallen in Sarkasmus – eine gefährliche Situation für jedes Unternehmen. Selbst die »Verantwortlichen« sind nicht vor Depressionen gefeit, wenn Sie mit Misserfolgen konfrontiert werden. »Sie haben es nicht geschafft – das sind die Fakten«, heißt es dann. Letztlich sind es jedoch nicht die Fakten, die eine innere Kündigung oder eine Depression auslösen, sondern das, was die Betroffenen der Situation ganz persönlich an negativer Beurteilung hinzufügen – und sich damit zum Opfer machen.

Wer hingegen diese Opferhaltung aufgibt, Eigenmacht aufbaut und seinen persönlichen Lernprozess fortsetzt, macht damit automatisch geistig-seelischen Umsatz, der Freude und materiellen Gewinn mit sich bringt, und kann trotz allem eine positive Bilanz ziehen: »Oft haben wir uns gefreut, wenn wir ein Problem gelöst hatten. Wir haben Erfolge gefeiert. Und dann lief es nicht mehr so, wie wir es erwartet hatten. Aber ich habe stets mein Bestes gegeben, ich habe mich überwunden.«

Hat man diesen Zusammenhang begriffen und verinnerlicht, kann man unverdrossen weitermachen, ohne Schaden an Seele, Geist und Körper zu nehmen.

Erfolg muss heute neu definiert werden.

Wer heute auf Dauer als Erfolgsmensch eingeschätzt werden und sich auch selbst so fühlen möchte, kommt nicht umhin, Erfolg neu zu definieren. Erfolg ist nicht mehr nur beruflicher Erfolg, Karriere, Verdienst, Anerkennung, Macht. Erfolgreich ist auch, wer eine stabile Gesundheit hat, wer zufrieden stellende Beziehungen zu anderen Menschen unterhält, wer Kinder zu glücklichen und selbstbewussten Persönlichkeiten erzieht, wer trotz Verantwortung in Beruf und Familie seine eigene Entwicklung nicht vernachlässigt.

Man fasst die Voraussetzungen, die hierfür notwendig sind, unter dem Schlagwort »emotionale Intelligenz« zusammen: Selbst-Reflexion, Selbst-Kontrolle, Motivation, Empathie und soziale Kompetenz sind heute die wichtigsten Erfolgsfaktoren, im Privatleben wie im Beruf.

Diese Neudefinition von Erfolg kommt einem Paradigmenwechsel gleich, der das Selbstwertgefühl nicht bedroht und das seelische Überleben garantiert. Überschaubare Bereiche, in denen der Einzelne selbstbestimmt und gestalterisch tätig sein kann, gewinnen damit an Bedeutung. Hier erschafft der SELBST-ENTWICKLER den Raum für Neues und hat die Gelegenheit, das eigene Leben und Erleben wieder selbst zu steuern. Und das erzeugt das notwendige Selbstvertrauen.

Ich habe Teilnehmer in meinen Seminaren gefragt: »Was, glauben Sie, zeichnet einen erfolgreichen Menschen aus?« Die folgenden Eigenschaften wurden immer wieder genannt:

- Offenheit
- Unvoreingenommenheit
- Zuversicht
- Lernbereitschaft
- Flexibilität
- Aufnahmefähigkeit
- Distanziertheit
- Disziplin
- Achtsamkeit
- Humor
- Religiosität
- Selbstvertrauen
- Toleranz
- Gelassenheit
- Dankbarkeit
- Freude
- Beseeltheit
- Stärke
- Mut
- Selbstbesinnung
- Neugier
- Kreativität

- Qualitätsbewusstsein
- soziale Kompetenz

Und auf die Frage, über welche Fähigkeiten ein erfolgreicher Mensch verfügt, antworteten die Teilnehmer mit folgenden Statements:

- Er kann zuhören.
- Er lebt bewusst.
- Er hat Freude an der Arbeit.
- Er kann aus Fehlern lernen.
- Er kann entspannen.
- Er kann sich spüren.
- Er kann konfrontieren.
- Er kann mitfühlen.
- Er kann Emotionen zeigen.
- Er kann Chancen wahrnehmen.
- Er ist kreativ.
- Er sieht Lösungen und nicht nur Probleme.
- Er kann Niederlagen wegstecken.
- Er blickt nach vorn.
- Er hat den Sinn des Ganzen begriffen.
- Er kann sich überwinden.
- Er bietet Halt.
- Er ist Vorbild und hat ein Vorbild.
- Er hat Spaß.

- Er ist selbstkritisch.
- Er kann Dinge in Frage stellen.
- Er denkt positiv.
- Er kann Nein sagen.
- Er kann loslassen.
- Er kann glücklich und zufrieden sein.
- Er ist motiviert und kann motivieren.
- Er ist selbstbestimmt.

Diese Aufzählung könnte entmutigen. Das alles sollen wir mitbringen, um *aufgestellt* und erfolgreich zu sein!? Zu fast jedem dieser Themen könnte ich ein Seminar anbieten: Flexibilität, Kreativität, Toleranz, Überwindung, Gelassenheit, Glück … Schon die Religionen haben es nicht geschafft, Gut-Menschen aus uns zu machen. Und jetzt verpflichten die Unternehmen Management-Trainer, die ihre Mitarbeiter glücklich und erfolgreich machen sollen. Was für ein Anspruch!

> *Die meisten Menschen sammeln nur Informationen, um ihre eigene Wahrheit zu bestätigen.*

Meiner Überzeugung nach entwickeln sich jene Tugenden, die den geistig-seelischen Umsatz fördern, als Nebenprodukte eines intensiven Lebens im (bewusst gelebten) Kontext des SELBST-ENTWICKLERs: Wer stets bereit ist, sein Denken und Handeln zu reflektieren, wer mit feuchten Händen die »Komfortzone« verlässt, wer zu seinen Gefühlen steht und sie auch zeigt, wer im Auf und Ab des Lebens sein Bestes gibt und nicht andere, sondern sich selbst entwickeln will – dem wird vieles von selbst zufallen!

Aber wer hat schon Lust, sich wirklich zu ändern? Wir neigen dazu, unser Glaubenssystem immer mit den Informationen zu verstärken, die in unsere Denkmuster passen. Das, wovon wir schon eine Idee haben, begreifen wir leichter. Deshalb ist es schwierig, etwas wirklich Neues anzunehmen, die eigenen Einstellungen für ein besseres Lebensgefühl und das Erreichen eines Zieles zu verändern.

In einer Testreihe hat man ermittelt, wie sehr Menschen versucht sind, ihre eigene Meinung und ihre Glaubenssätze zu verteidigen: Personen, die sich für die Todesstrafe ausgesprochen hatten, legte man viele kluge Argumente gegen die Todesstrafe und einige wenige Argumente für die Todesstrafe vor. Das Ergebnis zeigte, dass sich das Urteil dieser Personen verfestigte; sie waren noch leidenschaftlicher für die Todesstrafe als zuvor. Wir suchen und merken uns eher das, was uns in unserem Urteil bestärkt – den Rest vergessen wir gern wieder.

Die Persönlichkeits-Entwicklung resultiert daher aus einer bewussten Einstellungsänderung: »Wenn ich positiv eingestellt bin und dem Leben freudig gestimmt begegne, werde ich meine Ziele leichter erreichen. Die beste Voraussetzung hierfür ist die bewusste Entscheidung, mich zu entwickeln: Ich bin ein SELBST-ENTWICKLER. Ich warte nicht, bis das Leben mich schmerzhaft entwickelt, bis Krisen mich voranbringen. Ich will schon vorher wachsen – meine Art zu denken, meine Stellungnahme zu den Dingen und damit auch mein Handeln entwickeln. Mein Ziel ist der erfolgreiche Umgang mit mir selbst: Wie schaffe ich es, trotz des Auf und Ab im Leben, freudige Gestimmtheit zu verspüren? Das zielt auf meine Grundstimmung ab: Kann ich mich dem Leben gegenüber *freudig stimmen,* so, wie ich eine Gitarre harmonisch zum Klingen bringen kann? Oder versinke ich immer wieder in Disharmonie, in Verstimmung?«

Wer sich *aufstellt,* erwirbt die besten Voraussetzungen, um sein Wissen und seine Erfahrung optimal zu nutzen. Mein Konzept der Persönlichkeits-Entwicklung zielt also darauf ab, sich selbst *aufzustellen* und Einstellungen wie »Das Leben, der Partner, die Firma soll mich glücklich machen« oder »Ich bin ein armer Hund« zu überwinden. Wer die Verantwortung für das eigene Erleben an andere delegiert, produziert lediglich Gedanken der Ohnmacht. Das führt ihn in eine Warteschleife und erzeugt Abhängigkeit, Wut, Trauer und Unzufriedenheit.

An dieser Stelle möchte ich noch auf einen Zusammenhang hinweisen, der den Nutzen von Persönlichkeits-Entwicklung und Eigen-Macht verdeutlicht: Die eigene Einstellung bestimmt nicht nur das Verhalten, sondern auch den Gesichtsausdruck, das Auftreten, die Überzeugungskraft, die Attraktivität, kurzum: die gesamte Erscheinung – ein weiterer Pluspunkt für den SELBST-ENTWICKLER!

Die folgenden Kapitel beschreiben die vier Instrumente des SELBST-ENTWICKLERs. Aus meiner Sicht heißt

- *Selbst-Verantwortung,* sein eigenes Erleben und Tun selbst zu verantworten, auf diese Weise Eigen-Macht aufzubauen und in freudiger Gestimmtheit der Gestalter und Regisseur des eigenen Lebens zu sein.

  Selbst-Bewusstheit, Zeuge und Kostenberechner des eigenen Denkens und Handelns zu sein, die eigenen Ziele zu benennen und die ihnen im Weg stehenden Glaubenssätze durch eine günstigere Denkhaltung zu ersetzen.

  Selbst-Vertrauen, Vereinbarungen mit sich selbst zu schließen und sie konsequent einzuhalten sowie Visionen zu erschaffen und sie festzuhalten.

  Selbst-Überwindung, das Tor zum »Mehr« aufzustoßen und selbstbewusst und mutig die schmerzfreie Komfortzone der alten und unzureichenden Lösungen zu verlassen.

Selbst-Verantwortung

Was den SELBST-ENTWICKLER ausmacht, ist sein erfolgreicher Umgang mit dem Wandel. Wandel – das ist ein Synonym für Leben. Goethe hat dies treffend formuliert:

> Und solang du das nicht hast,
> dieses Stirb und Werde,
> bist du ein trüber Gast
> auf der dunklen Erde.

Was klassische Lyrik mit der dringenden Forderung nach Change-Management, Flexibilität und Effizienz zu tun hat? Goethe beschreibt nichts anderes als das, was uns heute mehr denn je tagtäglich abverlangt wird. Wenn wir unseren geistig-seelischen – und damit auch unseren materiellen – Umsatz steigern wollen, müssen wir uns dem Wandel stellen und das Loslassen lernen: das Loslassen von alten Überzeugungen, von eingefahrenen Verhaltensweisen, also von jenen überkommenen Lösungen, die die Probleme von heute zumeist verursacht haben. Ärzte, vor allem die Internisten, hätten längst nicht so viel zu tun, wenn die Menschen sich die Gesetze des Lebens bewusst machten, sie festhielten und in dem Bewusstsein handelten, dass zum Leben nun einmal das Kommen und Gehen gehört.

Wer kennt nicht dieses Klagelied mit seiner schönen Melodie und dem doch irreführenden Text: »Warum nur, warum müssen die Blumen verblühen?« Damit sie wieder blühen können, natürlich! Blumen verblühen, damit sie im folgenden Jahr wieder blühen können. Wir sollten nicht wehklagen, dass es den Winter gibt, dass der Sommer vergeht und so weiter, denn dieser Wandel ist es ja gerade, der das Leben

Freude am Wandel

intensiv und lebenswert macht. Es kann nicht oft genug betont werden: Wandel ist ein Synonym für Leben. Erinnern Sie sich an den klugen Satz »Die einzige Konstante im Leben ist der Wandel«?

Wer grundsätzlich die Gesetzmäßigkeiten des Lebens und auch das Unvorhersehbare bejaht, schützt sich vor einer trüben Grundstimmung. Zufriedenheit ist demnach eine bewusste Entscheidung. Sie wird letztendlich nicht durch Wunscherfüllung erreicht, sondern sie ist eine geistige Haltung, die seelischen Frieden schafft. In diesem selbstbestimmten Kontext »Zufriedenheit« können Enttäuschung, Ärger, Trauer, Hoffnung und Freude widerspruchsfrei nebeneindander existieren. Das Bibelwort »Herr, ich bin ES zufrieden« empfiehlt, nicht gegen den Wandel, sprich das Leben, zu sein. Dem füge ich hinzu: » … und ich kämpfe für meine Überzeugungen und Ziele, so gut ich kann!«

Zu meinem Klienten gehören Menschen, die oft nicht nur mit einer, sondern gleich mit mehreren Situationen unzufrieden sind, die sich ungerecht behandelt fühlen, die im Privatleben wie im Beruf Schwierigkeiten haben, loszulassen: etwa von alltäglichen Gewohnheiten oder von Vorstellungen, die ihr Leben belasten. Loslassen kann man leichter, wenn man sich stark fühlt, *aufgestellt,* also gut drauf ist. Aber gut drauf sein kann man auch, wenn man sich amüsiert oder zu Drogen greift.

Die Freude und Stärke hingegen, die ich meine, ist eine, die sich aus der genannten geistigen Haltung nährt – die Haltung dem Kommen und Gehen, dem stetigen Wandel gegenüber. Wenn ich mich dagegen wehre, dass alles fließt, dass alles in unablässiger Veränderung begriffen ist, dann werde ich mich als belastetes Opfer fühlen und unglücklich durchs Leben gehen. Wenn ich jedoch das Leben als Wandel begreife und akzeptiere, dass Nicht-Freude ja erst die Voraussetzung für Freude schafft, bekommt mein Leben Stabilität.

Wer immerzu Freude hat, spürt sie irgendwann nicht mehr! *Wie* also geht man erfolgreich mit dem Wandel (dem Leben) um? Es ist kein Zufall, dass ausgerechnet diese Frage der Ausgangspunkt meiner Betrachtung ist – mehr noch, sie ist die conditio sine qua non, die unerlässliche Voraussetzung aller Bemühungen, unser Leben, unseren Alltag in den Griff zu bekommen.

Am Anfang ist die Idee, das Wort, die Einstellung, also unsere *Software.* Im Folgenden steht diese Software im Mittelpunkt der Betrachtung. Sie ist die Einstellung, die unsere Hardware, das Gehirn, steuert. In unserer Software sind die Definitionen festgeschrieben, die wir über die Liebe, die Ehe, den Beruf, den Erfolg, unser Selbst und die Werte unseres Lebens haben. Software-Entwicklung ist daher Persönlichkeits-Entwicklung – heute die unabdingbare Voraussetzung für geistig-seelisches Wachstum und Erfolg.

Auf einem Computerkongress habe ich kürzlich einen Vortrag gehalten, dessen Titel etwas kess formuliert war: *Ist Ihre Software noch up to date, oder wird sie zum Auslaufmodell?* Wenn etwa in den deutschen Großstädten 50 Prozent der Ehen geschieden werden, dann behaupte ich, dass das, was man von einer Ehe erwartet, immer weniger Menschen leben können – ihre Software ist also veraltet. Das Gleiche gilt für den Arbeitsalltag: Wenn die Menschen über Stress im Beruf klagen, wenn sie sich überfordert fühlen und berufliche Misserfolge zu Depressionen und anderen Störungen führen, dann reicht die Software des Einzelnen offensichtlich nicht mehr aus, um mit diesen Belastungen angemessen, das heißt günstig für das Erreichen der Ziele und das eigene Wohlbefinden, umzugehen.

Unser Verhalten und unsere Gestimmtheit ist das Ergebnis unserer Einstellung: Die Einstellung ist letztlich die Quelle unserer Gedanken, und die Gedanken erzeugen Gefühle und

Verhaltensweisen. Will man sein Verhalten dauerhaft ändern, muss man also seine Einstellung ändern, seine Definition über das eigene »Ich«, den Beruf, den Chef, den Partner, die Liebe, das Leben an sich, seine Definition über das Was und Wie im Leben! Wie geht man mit Erfolg und Misserfolg um? Welchen Stellenwert haben Karriere und private Beziehungen im Leben?

Ein 18-Jähriger gab einmal im Rahmen eines Seminars, das ausschließlich Töchter und Söhne von Unternehmern besuchten, folgende Einschätzung zum Thema Software: »Es ist noch gar nicht lange her, dass ich meinen Vater als Zombie bezeichnet habe. Jetzt würde ich das anders ausdrücken: Würde mein Vater als Aktiengesellschaft an der Börse gehandelt, würde ich als Shareholder die Aktien seiner Ich-AG, die ich in meinem Depot habe, verkaufen wollen. Denn mein Vater denkt in überholten Bahnen, seine Software ist veraltet. Mit anderen Worten: Der Shareholder Value meines Vaters ist so gering, dass ich nicht in ihn investieren würde.«

Eine ebenso zynische wie bemerkenswerte Beschreibung! Jeder von uns ist sozusagen ein eigenständiges Unternehmen, ist Macher, Geschäftsführer, Vorstandsvorsitzender, Aufsichtsrat – alles in einer Person. Doch wie führen wir dieses Unternehmen? Und wie präsentieren wir uns auf dem Markt und machen Umsatz?

Stellen sie sich vor, dass Sie in einigen Jahren Ihre Ich-AG im Internet anbieten und sich um eine Stelle in Japan bemühen. Sie sprechen leidlich japanisch, außerdem englisch, und Sie verfügen über langjährige Erfahrungen im internationalen Geschäft. Sie werden engagiert, gehen für drei Jahre nach Japan und betreuen ein Projekt. Und als die vereinbarte Zeit um ist, stellen Ihnen die Auftraggeber den Stuhl vor die Tür. Schluss, aus, vorbei, keine Verlängerung und keine Abfindung. Sie müssen sich dann um sich selbst und um Ihre materielle Absicherung kümmern. Auf den Staat können Sie dabei nicht zählen. Er ist dazu nicht mehr in der Lage, er hat nur noch das Geld für die Grundversorgung: zum Leben zu wenig, zum Sterben zu viel.

Sie werden mir zustimmen, dass der Trend unverkennbar ist: Immer mehr Menschen sind auf sich selbst angewiesen, bauen auf die eigenen Möglichkeiten statt auf den Staat und seine Institutionen – die eigene Stärke wird immer wichtiger, sie markiert künftig den Unterschied zwischen Erfolg und Scheitern.

In diesem Zusammenhang muss ich noch einmal auf die so genannte »Ich-AG« zu sprechen kommen. Obwohl dieser Begriff in den vergangenen Jahren immer größere Verbreitung gefunden hat, blieb er seltsam unscharf und ist je nach Standpunkt positiv oder negativ besetzt. Ich definiere die Ich-AG als die Denk- und Verhaltensweise einer neuen Generation, die ihr Leben selbstbestimmt und aktiv gestaltet. Diese meist jungen Menschen leben nach dem Motto: *Wenn ich mich nicht um mich selbst kümmere – wer dann? Und wenn nicht jetzt – wann dann?* Und so warten sie nicht darauf, dass die Politik ihre Versprechen einlöst oder andere Institutionen unterstützend tätig werden.

Die *Shell-Studie 2002* stellt denn auch fest, dass die heutige Jugend den politischen Parteien nicht zutraut, die gegenwärtigen sozialen, ökonomischen und ökologischen Probleme auch nur annähernd zu lösen. Also ist die Ich-AG keineswegs – wie man denken könnte – Ausdruck des nackten Egoismus' Einzelner, nein, die Befragten nehmen sogar großen Anteil am öffentlichen Geschehen.

Ihr politisches Engagement richtet sich jedoch auf ihr direktes Umfeld und das sofort Machbare. Sie begreifen die heutigen Probleme sozusagen als ungünstig im Hinblick auf ihre Entwicklung und ein selbst bestimmtes ethisches und soziales Leben. Und deshalb ist die so genannte Politik-Verdrossenheit in meinen Augen keine ignorante oder egoistische Haltung, sondern die Enttäuschung einer mündigen

Generation. Der SELBST-ENTWICKLER, wie ich ihn mir vorstelle, unterstützt das Bemühen, die Erarbeitung und Umsetzung von Problemlösungen nicht mehr an andere zu delegieren, sondern selbst Verantwortung zu übernehmen. Dabei werden insbesondere die »selbstbewussten Macher« und die »pragmatischen Idealisten« – wie sie in der Shell-Studie definiert werden – erfolgreich sein und eine Vorbildfunktion übernehmen. Wer als eigen-mächtiger SELBST-ENTWICKLER bereit ist, mit Veränderungen zuerst bei sich selbst zu beginnen, wird gerade dadurch seine Ego-Mechanik zu Gunsten der Allgemeinheit überwinden können.

Eines meiner Banken-Seminare, in denen es um *soft facts*, also um die Beschäftigten als Kulturträger eines Unternehmens geht, trägt bezeichnenderweise den Titel »Die Persönlichkeit macht den Unterschied«. Wenn sich die Produkte der Unternehmen stark gleichen, läuft die emotionale Kundenbindung eher über die Person als über die Institution. Nach den Ergebnissen einer Straßen-Umfrage misstrauen 74 Prozent der befragten Menschen den Banken, die sie als anonyme Gebilde wahrnehmen. Aber 80 Prozent vertrauen dem Berater, den sie kennen. Aus diesem Grund versucht man die Kunden an Herrn X oder Frau Y zu binden, statt an einen Global Player.
Dieser Trend, Menschen über unsere Persönlichkeit zu binden, nimmt immer mehr zu. Wer sich zu einem gewinnenden Menschen entwickelt, macht geistig-seelischen Umsatz. Dieser zieht dann den materiellen Gewinn nach sich. Wer also eine gute Ausstrahlung hat, *aufgestellt* ist, sich mit dem Leben angefreundet hat, das »ewig Stirb und Werde« nicht als Bedrohung erlebt und nicht gegen das Leben klagt, dessen Ich-AG floriert und übt Attraktivität auf die Shareholder aus. Die Shareholder, das sind die Mitarbeiter und Kollegen, die Vorgesetzten und Kunden, der Partner und die Familie.

Auf Dauer lohnt es sich deshalb, den eigenen geistig-seelischen Umsatz zu steigern, und stets ein kritisches Auge auf sich selbst zu werfen. Es ist klüger und ökonomischer, sich selbst zu entwickeln, statt andere entwickeln zu wollen! Nur wer sich selbst entwickelt, bekommt das »Mehr« von etwas (mehr Anerkennung, mehr Gewinn, mehr Verständnis, mehr Sinn …) und das »Weniger« von etwas (weniger negativen Stress, weniger Angst, weniger Schuldgefühle …).

Selbst-Entwicklung ist kein Selbstzweck, sondern besitzt auch eine politische Dimension: Bei sich selbst anfangen heißt, das Konzept des mündigen Bürgers ernst zu nehmen und ein positives Vorbild zu sein. Gerade in der Familie spielt das eine nicht zu unterschätzende Rolle, werden doch allenthalben Defizite in der Erziehung beklagt. Sich selbst entwickelnde Väter und Mütter stärken ihre Kompetenz als Eltern und erziehen erfolgreich, denn sie ermöglichen ihren Kindern, am Modell zu lernen und sich ebenfalls zu entwickeln.

Freudige Gestimmtheit erlangen

Aufgestellt zu sein und dem Leben in freudiger Gestimmtheit gegenüberzutreten sind wichtige Voraussetzungen, um seine Ziele zu erreichen. Aus dieser Position fällt es leichter, mit den Herausforderungen des Alltags umzugehen. Es geht darum,

- die Opferrolle zu verlassen und Eigen-Macht aufzubauen,
- das eigene Erleben von trübsinnigen Gedanken und depressiven Grundhaltungen zu befreien,
- zu unterscheiden, ob eine Situation günstig oder ungünstig für das Erreichen der eigenen Ziele ist,
- Probleme und Schwierigkeiten als sportliche Herausforderung und als Chance zu persönlichem Wachstum zu begreifen.

Eigen-Macht statt Ohn-Macht

Die meisten Menschen neigen dazu, andere für ihre Ziele einzuspannen oder darauf zu warten, dass die anderen sich ändern. Wie oft sitzen wir sozusagen in der Warteschleife und hoffen, dass der andere sich doch endlich an unseren Wünschen orientiert. Dieses Verhalten liegt nahe, weil es relativ schwierig ist, sich selbst zu ändern – doch es kostet noch mehr Kraft und Energie, andere Menschen auf die eigenen Ziele hin zu manipulieren.

So warte ich ungeduldig darauf, dass der andere mich endlich einmal versteht, rücksichtsvoll ist, mich anerkennt, mir hilft, und sieht, wie gut ich doch bin, und ich endlich das bekomme, was ich verdient habe. Wir delegieren unsere Verantwortung für das eigene Erleben oft und gern an andere. Wir sagen: »*Du* hast mich traurig gemacht.« Und dann warten wir darauf, dass der andere sich so verhält, dass wir nicht mehr traurig sind. Diese Haltung begünstigt das Gefühl von Abhängigkeit und Ohnmacht.

Woher kommt diese Tendenz, in der sich eine große Unsicherheit zeigt? Und wie wirkt sie sich in einer konkreten Situation aus?

Alles was wir erlebt haben, ist in unserem Gehirn, der Hardware, gespeichert – besonders die Dinge, die uns als Kleinkinder bedroht und geängstigt haben, als wir noch »ohne Macht« waren. Das Kind ist sozusagen eine physiologische Frühgeburt, ohne entsprechende Fürsorge würde es die ersten zwei, drei Jahre nicht überleben. Deshalb wird allgemein davon ausgegangen, dass kleine Kinder sehr viele Ängste, ja Todesängste auszustehen haben: wenn sie schreiend nach Nahrung verlangen, wenn sie bestraft werden, wenn sie sich allein gelassen fühlen usw. Alles, was wir in dieser Ohnmachts-Zeit erlebt und dazugedacht haben, ist in unserem Gehirn gespeichert.

Während der frühen Kindheit erlebte Ohne-Macht-Situationen werden automatisch, oftmals panikartig, wieder ausgelöst, wenn wir uns als Erwachsene einer Situation nicht gewachsen fühlen. Durch diese Angst-Impulse kommen alte Aufzeichnungen erneut an die Oberfläche und überschwemmen uns. Wir reagieren dann weit unter unseren Möglichkeiten.

> *Unser Ohnmachts-Speicher ist voller Erinnerungen an frühere Verletzungen.*

Es gibt Menschen, die beruflich große Macht haben und trotzdem nachts im Bett unter Angstzuständen leiden. Was geht in diesen Menschen vor? Sie fühlen sich in diesem Moment ohnmächtig, ohne Macht, wie ein dreijähriges Kind. Da ist nur noch Angst, Rückzug oder emotionaler Angriff. Sie werden buchstäblich »kindisch«.

So wie der junge Mann, der frisch von der Universität gekommen war, gute Zeugnisse vorweisen konnte, aber während der ersten vier Wochen das Gefühl hatte, überhaupt keinen »Draht« zu seiner Arbeit und den Kollegen und Kolleginnen zu bekommen. Er fühlte sich isoliert, wurde immer ängstlicher und begann an sich selbst zu zweifeln. Zu allem und jedem sagte er immer nur »Ja«. Er suchte Harmonie, konnte nicht mehr klar denken und wollte schlichtweg nur noch überleben. Deshalb reagierte er wie ein Dreijähriger und wurde von seinem Umfeld auch dementsprechend behandelt.

> *Eigen-Macht heißt: Ich bin der Schöpfer meiner Gedanken und damit auch meines Verhaltens.*

Damit wir in Ohnmachts-Situationen – noch dazu, wenn mehrere zusammenwirken – nicht in die Verhaltensmuster unserer Kindheit zurückfallen, brauchen wir *Eigen-Macht.*

Eigen-Macht entwickeln heißt: Ich bin der Boss. Ich bin der Schöpfer meiner Gedanken. Und ich warte nicht darauf, dass andere Menschen oder bestimmte Situationen mich glücklich machen. Nur ich zeichne verantwortlich für mein Erleben und Handeln.

Anders ausgedrückt: Ohnmacht verhindert Umsatz. Wir machen auf Dauer nur geistig-seelischen Umsatz (und damit auch materiellen Gewinn), wenn wir die Macht über unser Denken und Tun stärken, wenn wir uns entwickeln und nicht passiv auf Veränderungen warten.

Wer sich mächtig fühlt, kann Bedrohungen leichter in den Griff bekommen. Wer hingegen die eigene Ohnmacht spürt, wird sich wie ein kleines Kind fühlen und sich auch so verhalten.

Unter dem Stichwort »Selbst-Verantwortung« (das erste Werkzeug des SELBST-ENTWICKLERS) stelle ich Ihnen nun einen wichtigen Erleuchtungssatz vor. Dieser Satz ist das wirksamste Anti-Jammer-Medikament, das ich kenne. Er lautet: Wo ich bin, will ich sein!

Wo ich bin, will ich sein

Wo ich bin, will ich sein – diese Geisteshaltung ist das beste Mittel gegen schlechte Laune und depressive Verstimmungen. Wie oft hören wir uns sagen: »Am liebsten wäre ich ..., aber leider muss ich ...!« Die Idee, das Glück sei immer an dem Ort zu finden, an dem wir gerade nicht sind, führt auf die Dauer zu einer gedrückten Stimmung und ist ein Ausdruck von Ohnmacht. Ich will das an einem Beispiel illustrieren:

An einem Sonntag, es war erster Advent, hielt ich in Braunlage einen mehrstündigen Vortrag vor 220 Außendienstmitarbeitern eines Unternehmens. Am Montag und Dienstag sollten sie dann auf ein neues Produkt eingestellt werden. Ich war von der Geschäftsleitung eingeladen worden, um ihnen noch einen letzten »kick off«, einen Energieschub zu verpassen. Nach meiner Ankunft wurde mir bedeutet, dass die Stimmung leider sehr angespannt sei. Die Teilnehmer waren offensichtlich verärgert, dass man ohne sie zu fragen die Veranstaltung auf einen Wochenendtermin gelegt hatte.

Auf diese Weise vorgewarnt, begann ich meine Rede vor den Vertriebsmitarbeitern wie folgt: »Es geht heute vor allem darum, Energie freizusetzen und aus möglichen umsatzfeindlichen Jammernummern auszusteigen, sich also von dieser Belastung zu befreien. Und das geht am wirksamsten mit der Erkenntnis: Wo ich bin, will ich sein! Das heißt: Sie alle wollen heute hier sein.«

Das gesamte Auditorium brach in schallendes Gelächter aus, einer schlug sich vor Vergnügen auf die Schenkel und rief: »Das meinen aber wirklich nur Sie!«

Daraufhin fragte ich meine Zuhörer: »Ja wollen Sie etwa heute nicht hier sein? Sind Sie denn alle verrückt? Sie sitzen auf einem Stuhl und wollen da gar nicht sitzen. Sind sie alle von fremden Mächten bestimmt?« Verunsicherung machte sich im Saal breit.

»Haben Sie etwa alle beim Aufstehen eine Stimme gehört, die ihnen befahl: Du da, steh auf, fahr jetzt nach Braunlage! Nein? Dann sind Sie also doch nicht ferngesteuert. Oder hat man Sie gefesselt und dann hierher geschleppt?«

Einige Teilnehmer berichteten, dass sie sogar Fahrgemeinschaften gebildet hatten.

Ungerührt fuhr ich fort: »Ich kann mir gut vorstellen, wie Sie geflucht haben: Warum müssen wir jetzt dahin, in den verschneiten Harz, dazu noch am ersten Advent! Was sind wir doch für arme Schweine. Das heißt, eigentlich *wollen* Sie hier gar nicht sitzen.«

Dann ging ich auf einen Teilnehmer zu und bat ihn, aufzustehen. Während ich ihn nach Waffen abtastete, rief ich: »Ich habe Angst vor Ihnen! Vielleicht haben Sie eine Pistole dabei, erschießen mich und behaupten dann hinterher, Sie wollten das eigentlich nicht. Sie sind nicht zurechnungsfähig! Einer, der auf dem Stuhl sitzt und andauernd denkt, er will da nicht sitzen, ist gefährlich und unberechenbar!« Einigen Zuhörern klappte die Kinnlade nach unten, andere blickten mich entgeistert an.

> *Der erste Erleuchtungssatz des SELBST-ENTWICKLERS lautet: Wo ich bin, will ich sein – alles andere war mir bisher in meiner Vorstellung zu teuer.*

Wo ich bin, will ich sein – alles andere war mir bisher in meiner Vorstellung zu teuer. Diese Aussage gilt natürlich nicht nur im Hinblick auf materielle Werte, sondern auch in Bezug auf Schuldgefühle, Anpassung und Moral.

Im Grunde wollte natürlich jeder, der da am ersten Advent im Hotel in Braunlage saß, genau dort sitzen, wo er saß. Und alle hatten nach dem Aufwachen so etwas gedacht wie: »Ich muss da hin, wegen meiner Ziele, wegen der Kohle.« Oder sie hatten Angst vor möglichen Konsequenzen. Deshalb fuhren sie alle, wenn auch missmutig, zu der Veranstaltung nach Braunlage. Jeder meckerte, fuhr aber trotzdem hin. Nach dem Motto: »Ich habe zwar keine Lust, aber ich tue es dennoch.« Den Außendienstlern ging langsam ein Licht auf.

> *Menschen nehmen Unlust in Kauf, um ihre Ziele zu erreichen.*

»Sie sind gar keine armen Schweine«, fuhr ich fort, »sondern Schnäppchenjäger, kluge Preisvergleicher, gewiefte Kaufleute. Sie sind nicht neurotisch, nicht fremdbestimmt, sondern ausgeschlafen und berechnend. Ein Mann geht seinen Weg. Er setzt sich in sein Auto und fährt bei Eis und Schnee nach Braunlage: Weil er das *will*, und nicht, weil er das *muss*. Er fährt dorthin, um seine Ziele zu erreichen oder um nicht vor die Tür gesetzt zu werden. Er fährt mit großer Unlust, aber er fährt. So etwas können nur wir Menschen – Tiere vermeiden den Schmerz instinktiv. Jeder Einzeller wendet sich ab, wenn er Unlust verspürt. Wir Menschen jedoch können für das Erreichen eines Ziels Unlust auf uns nehmen. Haben wir alle ja schon häufig gemacht: bei Prüfungen, Vorstellungsgesprächen und gesellschaftlichen Anlässen. Jedes Mal schleppen wir uns da hin. Nein, nicht wir *geknechteten Kreaturen* und *ausgebeuteten Opfer*, sondern wir *Kostenberechner* raffen uns auf: Weil wir etwas erreichen oder vermeiden wollen, weil wir unsere Arbeit gut machen wollen, weil es Spaß macht, die gesteckten Ziele zu erreichen, und weil wir stolz auf uns sein wollen.«

Genau das lehrt uns diese Episode! Wir Menschen sind doch nicht dumm: Wer jeden Morgen aufsteht und zur Arbeit geht, hat sich für das kleinere Übel entschieden – solange er nicht gefesselt dorthin geführt wird. Die Alternative heißt: liegen bleiben. Als mir ein Angestellter wieder einmal sein Leid geklagt hatte, weil er jeden Morgen in die Firma, in diesen »Sauladen« müsse, erwiderte ich: »Aber warum denn?«

Worauf er antwortete: »Ja, Sie sind gut! Man muss schließlich arbeiten!«

Die Vorstellung, man müsse arbeiten, um zu überleben, ist jedoch eine so genannte *irrationale Muss-Annahme* (siehe Seite 88 f.). Jeder kann in unserem Sozialstaat überleben, ohne zu arbeiten. Das hat sich mittlerweile überall herumgesprochen. Und es werden immer mehr, die das erkannt haben. In einer Toilette habe ich einmal das Graffiti *Hey man - du musst nicht arbeiten!* gelesen. Der das geschrieben hat, hat Recht: Selbst unsere Familie stirbt nicht, wenn wir nicht für sie arbeiten. Wir können hier durchaus auch ohne Arbeit überleben. Nicht so gut, und bestenfalls in Mehrbettzimmern mit Erbsensuppe, aber wir können überleben.

Nachdem er meinen Einwand durchdacht hatte, wurde diesem »Opfer der Arbeit« klar, dass er im Gegenteil ein Held ist, der sich verantwortungsvoll um seine Familie kümmert. Nach dieser »Erleuchtung« fühlte er sich auffallend besser und mächtiger. Er hatte erkannt, dass er gar kein Geknechteter ist, sondern ein Mann mit ethischen Grundsätzen und viel Disziplin. Das hat ihm gefallen. War er doch der Überzeugung gewesen, er sei ein ausgebeuteter, fremdbestimmter Mensch, der am Leben vorbeilebt. Nein, er ist ein starker, selbstbestimmter Typ, der sich jeden Morgen hochquält, obwohl er keine Lust hat. Eine großartige Leistung! Er geht in seine Firma und arbeitet für sich und seine Familie, für Sicherheit und Konsum, für die warme Wohnung oder ein neues Auto – er verhält sich wie ein Kaufmann. Er vergleicht einfach den Preis: Fahrrad oder Auto? Okay, lieber Auto. Man bekommt nichts geschenkt. Alles hat seinen Preis. Und weil Einsichten allein nicht ausreichen, sondern nur wiederholte Einsichten sich auf der Verhaltensebene materialisieren, verschrieb ich ihm die »Bettkanten-Übung« – quasi als homöopathische Dosis zum Aufbau von Eigen-Macht und Selbstwertgefühl.

Bettkantenübung

Stehen Sie morgens nicht einfach so auf, sondern setzen Sie sich auf die Bettkante, und entscheiden Sie sich ganz bewusst, ob Sie jetzt aufstehen wollen oder nicht: Will ich heute am Leben teilnehmen? Wenn ja, dann gebe ich mein Bestes. Wenn nein, dann lasse ich mich wieder in die Kissen fallen. Man wird sich um mich kümmern. Ich muss übrigens nie mehr aufstehen und werde trotzdem überleben.

Ich will statt *Ich muss* – diese Selbst-Bewusstheit ist der schnellste Weg, um sich vom Opferspieler zum selbstbestimmten Macher zu entwickeln. Diese Entscheidung lässt Freude aufkommen und stärkt das körpereigene Abwehrsystem! Man wird seltener krank. Also: Ein Mann geht seinen Weg, eine Frau geht ihren Weg. Man sitzt auf der Bettkante und denkt: Ich entscheide mich bei vollem Bewusstsein – ich stehe nicht unter Drogen und höre auch keine Stimmen –, heute in die Firma zu gehen, heute in der Beziehung, der Wohnung, der Stadt usw. zu bleiben.

Wichtig ist die Einschränkung »heute«, ganz wichtig. Denn wenn Sie immer nur die ganze Strecke betrachten, die noch vor Ihnen liegt, dann kann das sehr deprimierend sein: »Puh, das alles noch zwanzig Jahre lang!« Nein: »*Heute* entscheide ich mich – und jeden Tag wieder aufs Neue. *Heute* ziehe ich es noch einmal durch, und morgen entscheide ich mich vielleicht anders.« Schlafen, so heißt es im Volksmund, ist wie ein kleiner Tod – jeden Morgen beginnt ein neuer Tag, ein neues Leben.

Eine Frau hat mir erzählt, dass ihr diese Übung wahrscheinlich ihre Ehe gerettet hat: »Ich entscheide mich bei vollem Bewusststein, immer wieder erneut, heute bei meinem Mann zu bleiben! Das hat mich ungemein befreit, denn vorher dachte ich oft: Bis dass der Tod uns scheidet – das stehe ich nicht durch. Aber für diesen einen Tag mit ihm, dafür entscheide ich mich.«

Was ist dadurch passiert? Was hat sich in der Ehe verbessert? Sie ist nicht mehr Opfer. Ihr Mann ist nicht mehr der Böse, der ihr das Leben vergällt. Unter dem Strich – in ihrer Vorstellung – ist ihr Mann immer noch das Beste für sie oder eben das geringste Übel. Und deshalb bleibt sie bei ihm. Wer sich für das Bleiben entscheidet, kann leichter gehen. Das ist ein Kontext, der es dieser Frau erlaubt, respektvoller und liebenswürdiger mit ihrem Mann umzugehen. »Weil ich mich heute aus eigenem Antrieb für ihn entschieden habe. Ich muss ja nicht bleiben – ich will letztlich bleiben. Ich bin auch nicht gezwungen, wegen der Kinder mit ihm zu leben, sondern ich will es. Wenn ich mich entschieden habe, heute zu bleiben, bin ich der Macher und nicht das Opfer. Das wird auch den Kindern gut tun!« Und man sollte hinzufügen: Ihr Mann wird durch ihre neue Einstellung ebenfalls freundlicher mit ihr umgehen können.

> *Wer das Bewusstsein von Alternativen hat,*
> *will dort sein, wo er ist.*

Die Entscheidung, zu bleiben, setzt das Bewusstsein einer Alternative voraus: »Du könntest jetzt auch an einem anderen Ort sein.« Wo diese Alternative nicht gegeben ist, besteht letztlich auch keine Verantwortung für das eigene Handeln. Wer irgendwo gewaltsam festgehalten wird, kann an keinem anderen Ort sein, selbst wenn er es wollte. Aber der Student, der morgens unlustig in die Vorlesung geht, tut dies aus freiem Willen, weil er das unterm Strich in diesem Augenblick als das geringste Übel ansieht. Auch wer im Krankenhaus ist, will im Krankenhaus sein – mit etwas Nachdruck und einer juristischen Verfügung kann es jeder auf eigene Verantwortung verlassen.

Und der Wohnungslose, der unter der Brücke schläft, wurde auch nicht dorthin verschleppt. Er hat die Möglichkeit, zur Bahnhofsmission zu gehen, zur Caritas, zu Menschen, die ihm helfen könnten. Wo ich bin, will ich sein – das ist eine bewusste Entscheidung, die ich für den Moment, und nur für diesen einen Moment treffe. Alles andere erscheint mir im Augenblick zu teuer!

> *Ständig Ja zu sagen und Nein zu denken erzeugt Stress.*

Stellen Sie sich folgende Situation vor: Sie sind auf einen Empfang einer guten Bekannten eingeladen, die damit die

Eröffnung ihrer Boutique feiert. Sie kennen kaum einen der Anwesenden, und die ganze Geschichte schleppt sich so dahin. Ihre Unzufriedenheit wächst: »Mein Gott, was die hier wieder für Leute eingeladen hat!« Eigentlich wollen Sie gar nicht auf diesem Empfang sein. Aber Sie bleiben bis zum Schluss – aus Rücksicht auf Ihre Bekannte – und machen auf humorige Weise Smalltalk. Sie wagen es nicht, zu gehen, weil die Gastgeberin dann beleidigt und die Stimmung vollends dahin wäre. Sie »opfern« sich, weil Sie gut erzogen sind, aus Mitgefühl oder um die Harmonie zu wahren. Und schließlich bleiben Sie und erweisen sich damit als ein Mensch, der seinen ethischen Prinzipien auch in unangenehmen Situationen treu bleibt.

Verhalten Sie sich allerdings häufiger so, dann laufen Sie Gefahr, die Rolle eines Märtyrers zu übernehmen: Sie sagen Ja und denken Nein. Das erzeugt Stress; auf Dauer überfordern Sie sich damit und werden missmutig und depressiv. Und zwar deshalb, weil Ihr kindliches, manipulatives Verhalten die Oberhand gewinnt: Hauptsache, alle haben mich lieb! Diese Haltung blockiert: Sie sind sich Ihrer Gefühle nicht mehr sicher und in dieser Verfassung nicht in der Lage, Ihren Bedürfnissen entsprechend zu handeln.

Zurück zur Geschichte: Statt also die Opferhaltung einzunehmen, können Sie sich auch mit einer Notlüge behelfen. Damit verlassen Sie das System gesellschaftlicher Konventionen nicht: »Es war wunderschön bei dir! Leider habe ich morgen einen sehr wichtigen Termin und bin gezwungen, früh aufzustehen. Deshalb muss ich jetzt gehen. Vielen Dank für die Einladung. Alles Gute, und bis bald!«

Solange man sich um das selbst-bewusste Wohlbefinden anderer Menschen und letztlich damit auch um das eigene Wohlbefinden kümmert, dient man aus der Positionen der Stärke. Wer anderen jedoch aus einer Position der Schwäche zu Diensten ist, macht sich selbst zum Underdog. In diesem

Fall hat das Helfen keine soziale Qualität und drückt auch den Helfenden selbst zu Boden.

Die Erkenntnis *Wo ich bin, will ich sein – alles andere war mir bisher in meiner Vorstellung zu teuer* wird auch im Hinblick auf die Überschrift, unter die wir unser Leben stellen, wirksam. Erfolg, Gesundheit, Zufriedenheit und freudige Gestimmtheit sind leichter zu erreichen, wenn man in einem für sich stimmigen Kontext lebt, für den man sich ganz bewusst entschieden hat. Die Frage lautet also: Was definiere ich als die grundlegenden Werte und Ziele meines Lebens? Habe ich sie wirklich selbst bestimmt und orientiere ich mich konsequent an ihnen? Die Antwort auf diese Frage klärt, ob ich in meinem Leben Sinn sehe und auf diese Weise in der Lage bin, meine Kraft und meine Fähigkeiten in vollem Umfang für mich und andere einzusetzen. Oder ob ich verzagt irgendwelchen fremdbestimmten Zielen nachjage, die ich nie erreichen werde, weil ich sie gar nicht wirklich erreichen will.

Jeder hat seine eigene Vorstellung von einem erfüllten Leben. Ein bayerisches Mannsbild, das ich nach den Werten und Zielen seines Lebens fragte, hat mir seine Version verraten: »Weiber, knusprigen Schweinsbraten mit Knödel und jede Menge Kohle.« Dann sah er mich herausfordernd an, weil er glaubte, ich würde mich darüber aufregen und ihn für einen primitiven Menschen halten. Ich erwiderte aber nur kurz: »Ja, Leben Sie danach. Sie haben es so für sich bestimmt.« Diese für ihn sinnstiftenden Werte und Ziele hatte er wohl unbewusst dem genetischen Arterhaltungsmechanismus entlehnt, getreu dem Motto des Schweinezüchters Szupán in der Operette *Der Zigeunerbaron*: »Ja, ja mein ganzer Lebenszweck ist Borstenvieh und Schweinespeck …« Das sind klare Koordinaten! Müsste er dauerhaft auf Schweinebraten verzichten, würde er seine Lebenslust verlieren.

Was müsste er anstellen, um ganz weit weg von Bayern, sagen wir in Australien, gut drauf zu bleiben? Er könnte dem

Schweinebraten abschwören und das dort überall erhältliche Straußenschnitzel zum neuen Wert und Ziel in seinem Leben bestimmen. So hätte er seine Einstellung verändert. Er wäre wieder »konsonant«, könnte wieder »in seinem Sinn« leben. Er könnte aber auch einen innovativen und aktiven Weg einschlagen und eine Schweinefarm aufbauen. Oder sich den geliebten Braten per Flugzeug einfliegen lassen. Oder nach Bayern zurückkehren. Oder, oder, oder …

Merke also: Widerstrebend und klagend Straußenfleisch zu essen und sich dabei nach Schweinefleisch zu sehnen, führt zu Dissonanz und trauriger Gestimmtheit.

Eine andere Version zum Thema Werte und Ziele des Lebens hörte ich von einem Mann, der einen »beladenen« Eindruck auf mich machte. Er nannte mir drei Begriffe, die für ihn die Werte und Ziele seines Lebens ausmachten: Lachen, Lieben, Lernen.

Ich stellte mir vor, wie es wäre, könnte er nicht entsprechend seinen Werten und Zielen leben: Hätte er einmal sechs Wochen lang nicht mehr gelacht, müsste er sich das *Goldene Buch des Humors* kaufen; hätte er lange Zeit nicht geliebt, müsste er den *Ball der einsamen Herzen* besuchen; hätte er lange nichts Neues gelernt, müsste er sich an der Volkshochschule einschreiben oder eine Fortbildung besuchen. Er müsste also etwas tun für sein Glück!

Ist er jedoch tatsächlich ein grüblerischer Mensch, dem das Lachen schwer fällt, der sich über alles ärgert und keine Lust hat, etwas Neues zu lernen oder zu tun, könnte er sich auch mutig zu seiner Art des Umgangs mit dem Leben bekennen. Dann würde er authentisch leben. Sein Denken und Handeln widersprächen sich nicht, wären konsonant: »Hier stehe ich und will nicht anders!«

Wer freiwillig häufig etwas tut, zum Beispiel bis spät abends im Büro sitzt oder die meiste Zeit in Hongkong, New York und anderswo verbringt, jedoch Frau und Kinder in seiner Werte-Hierarchie an die erste Stelle setzt, bekommt auf Dauer das Gefühl, an seinem wirklichen Leben vorbeizuleben. Und gerade dieser Gedanke führt zu negativem Stress, zu Unlust und Verbitterung. Ein typisches »Opferspiel«. Hier nun kommt der Erleuchtungssatz ins Spiel: »Wo ich bin, will ich sein; alles andere war mir bisher in meiner Vorstellung zu teuer.« Übersetzt auf unser Beispiel könnte er auch lauten: »Ich liebe meine Familie *und* ich werde die nächsten zwei Jahre selten zu Hause sein, weil ich mich beruflich neu positioniere.« Solch ein Satz erleichtert uns und bewahrt uns zugleich vor Anspannungen und psychosomatischen Erkrankungen, die durch die Dissonanz zwischen Wollen, Werten und tatsächlichem Tun ausgelöst werden.

> *Ein Mensch, der glaubt, sein Leben nicht zu leben, wird auf Dauer krank.*

Wer die Werte seines Lebens selbst bestimmt hat, kann auch die eigene Software leichter umschreiben:

Vor einiger Zeit suchte mich ein Top-Manager auf. Er hatte seit einem halben Jahr psychosomatische Störungen, fühlte sich ausgebrannt und war depressiv.

»Überlegen Sie mal: Warum sind Sie eigentlich krank?«, fragte ich ihn.

»Das würde ich ja gern von Ihnen wissen. Ich selbst weiß es nicht.«

»Auch wenn sie es nicht wissen, können Sie doch darüber nachdenken«, erwiderte ich.

Er überlegte einige Minuten und sagte dann: »Ich glaube, ich bin krank, weil ich nicht mein wirkliches Leben lebe. Da wehrt sich irgendetwas in mir. Ich bin gar nicht so ein systemkonformer Karrieretyp. Und Ingenieur wollte ich eigentlich auch nicht werden.«

»Wie sähe denn ihr wirkliches Leben aus?«

»Auch wenn es naiv klingt – am liebsten würde ich auf einer griechischen Insel leben. Da habe ich einmal vier Wochen Urlaub gemacht und bin richtig aufgeblüht. Ja, das wäre es. Einfach und bescheiden als Fischer oder Bootsbauer, auf Du und Du mit den Einheimischen.«

»Im Grunde könnten Sie das doch ohne weiteres anpacken. Wenn Sie wollen, helfe ich Ihnen gern, Ihr wirkliches Leben zu leben. Dann werden Sie wieder gesund. Ihre Leidensgeschichte fände ein gutes Ende, und Sie hätten das ewige Lachen im Gesicht.« Er schwärmte weiter: »Ja, was braucht man denn schon zum Leben? Ein Häuschen, und ehrlich gesagt, eine Frau sollte schon auch dabei sein, Retsina, Weißbrot, Käse. Mehr braucht man doch nicht, oder?«

»Ja, prima.« Ich nahm den Hörer vom Telefon, um einen Freund, der ein Haus auf Korfu hat, um Rat zu fragen.

»Halt! Nicht so schnell«, protestierte er und drückte die Hörergabel nach unten.

»Warum nicht? Je schneller, desto besser! Das Paradies wartet auf Sie!«

»Ich muss Ihnen vorher noch etwas sagen. Ich bin jetzt 23 Jahre in der Firma, und wenn ich noch zwei Jahre bleibe, dann habe ich Anspruch auf eine Zusatzrente von 25 Prozent. Es wäre doch ziemlich unvernünftig, wenn ich jetzt so Knall auf Fall abhaue.«

»Ja, unter materiellen Gesichtspunkten ist das verständlich.«

»Ich kann mich doch nicht so einfach aus dem Staub machen. Meine Frau wird nicht mitkommen wollen, und meine Kinder brauchen mich noch. Ich kann doch nicht so tun, als interessiere mich das alles nicht mehr.«

»Natürlich können Sie das. Haben Sie Ihr Portemonnaie dabei? Zeigen Sie mal her.«

Seine Geldbörse war gut gefüllt, dazu besaß er mehrere Kreditkarten. Er hätte sofort ein Taxi zum Flughafen nehmen und nach Athen fliegen können.

»Sie können das«, ermunterte ich ihn.

»Nein, das kann ich doch nicht machen.«

»Ach, so ist es«, setzte ich nach. »Dann müssen wir es anders formulieren: Sie *wollen* nicht! Aus ethischen Gründen. Sie nehmen Rücksicht auf ihre Familie. Das ist altruistisch und rücksichtsvoll. Sie denken nicht nur berechnend, was das Materielle angeht, Sie genügen auch hohen moralischen Ansprüchen.«

»Und meine Mutter ist ganz allein, mein Vater starb vor zwei Jahren«, nahm er den Ball auf. »Jeden Sonntagnachmittag um vier besuche ich sie, dann gibt es Marmorkuchen mit Tee. Ich bin ihre einzige Freude. Stellen Sie sich vor, ich liege an einem Sonntagnachmittag um vier auf einer griechischen Insel am Strand und lass es mir gut gehen. Ich bekäme Schüttelfrost vor lauter Schuldgefühlen und würde meines Lebens nicht mehr froh.«

»Mir fällt schon wieder auf, dass Sie Rücksicht nehmen. Diesmal auf Ihre Mutter. Sie bringen es nicht übers Herz, sie am Sonntag allein zu lassen.«

»Ja, das ist wohl so. Außerdem muss ich mir noch drei Implantate einsetzen lassen. Ob die in Griechenland wissen, wie das geht?«

»Weiß ich nicht, vielleicht schon. Aber unter Umständen nicht so gut wie in München oder Zürich.«

»Na sehen Sie ...«, lächelte er, froh über die Bestätigung. »Übrigens habe ich in der Firma noch ein Projekt laufen, das ich gern abschließen würde. Und dann muss ich ihnen noch etwas gestehen.«

»Tun Sie sich keinen Zwang an.«

»Ich hab doch schon ein Haus am Meer – in der Toskana. Das müssen Sie doch durchgehen lassen.«

Ich legte den Hörer wieder auf die Gabel.

»Okay, akzeptiert. Ich werde Sie nicht nach Sibirien, äh ... nach Griechenland schicken.«

»Danke«, sagte er spürbar erleichtert.

Nach zwei Wochen war er wieder gesund – ich habe ihm sozusagen als »Geist«-Heiler geholfen. Er konnte sich selbst heilen, weil er erkannt hatte, dass seine »Neurose« die Folge eines Denkfehlers war. Seine Einstellungsänderung erzeugte andere Gedanken und Gefühle, die zur Gesundung führten.

Er hatte gedacht, nicht sein wirkliches Leben zu leben; sein richtiges Leben sei das auf der griechischen Insel. Im Verlauf des Gespräches war ihm jedoch klar geworden, dass dies nur sein Wunsch-Leben war. Sein wirkliches Leben – das war genau das Leben, das er hier führte. Er hatte sich das nur nicht bewusst gemacht. Das Leben in Griechenland war ihm unter Abwägung aller Vor- und Nachteile letztlich zu teuer (Geld, Schuldgefühle, Angst ...). Deshalb hat er sich für das Bleiben entschieden. Und das schon vor unserem Treffen!

Nochmals: Wer weiß, dass sein gegenwärtiges Leben untern Strich doch immer noch das beste für ihn ist, und sich jeden Tag bewusst für dieses Leben entscheidet, der entwickelt sich vom Opferspieler zum eigen-mächtigen Gestalter seines Lebens.

Was ist, ist

Der SELBST-ENTWICKLER übernimmt die Verantwortung für sein Erleben und Tun. Das Erleben und Verhalten ist in der Hauptsache davon abhängig, wie man eine Situation beurteilt. *Was ist, ist, und wie ich es beurteile, ist mein ganz persönlicher Beitrag zum Leben - und das bestimmt mein Erleben und Handeln.* Das ist der zweite Erleuchtungs- und Erleichterungssatz!

Was ist, ist – für sich genommen ist diese Aussage irreführend. Was ist, ist – das heißt nicht, dass wir uns mit den Gegebenheiten abfinden müssen, den Mächten den Schicksals wehrlos ausgeliefert sind, alles als Kismet hinnehmen und uns mit dem zufrieden geben sollen, was uns zugeteilt wird. Kein Mensch wird ernsthaft behaupten wollen, dass wir die Armut und das Elend auf der Erde hinnehmen sollen. Aber davon, dass wir uns nur klagend oder mitleidend dazu äußern, ändern wir nichts an der tatsächlichen Situation. Georg Iwanowitsch Gurdjieff, ein Bewusstseinslehrer, hat einmal gesagt, dass das einzige Leid, das einen Zustand wirklich verändern hilft, jenes Leid ist, das man schmerzlich selbst empfindet, wenn man sein Ego zugunsten des Nächsten und seiner eigenen Entwicklung überwindet.

Der SELBST-ENTWICKLER sagt sich: »Ich bin zunächst einmal für das, was ist – und wenn es mir nicht gefällt, ändere ich es, so gut ich eben kann, entsprechend meiner Ethik und meiner Ziele.«

> *Der zweite Erleuchtungssatz des SELBST-ENTWICKLERs lautet: Was ist, ist, und wie ich es beurteile, ist mein ganz persönlicher Beitrag zum Leben – und das bestimmt mein Erleben und Handeln.*

Halten wir also fest: Was ist, ist, und was ich von der Situation erwarte, bestimmt mein Erleben, nicht die Situation selbst. Nehmen wir ein einfaches Beispiel: Sie wollen draußen Tennis spielen, doch es regnet. Ihr Kommentar – ich nenne es »Beitrag« – lautet in der Regel: »Mistwetter! Immer wenn ich Tennis spielen will, regnet es.« Wie leicht kommen uns solche Äußerungen über die Lippen – sobald uns etwas nicht gefällt oder nicht unseren Erwartungen entspricht, nennen wir es eine »Unverschämtheit«, »Mist« oder dergleichen – es wird ein »Problem«! Das »Problem« Regen ist aber nur eine Situation, die ungünstig für das Ziel ist, hier und jetzt auf einem Sandplatz Tennis zu spielen. Die Gesetze des Lebens lösen bei uns reflexartig die Tendenz aus, von den eigenen Schwierigkeiten im Umgang mit ihnen abzulenken. Der SELBST-ENT-

WICKLER indes weiß: Es gibt kein gutes Wetter und kein schlechtes Wetter. Das Wetter ist allenfalls günstig oder ungünstig für das Erreichen eines Zieles; es ist lediglich die Summe physikalischer Prozesse in der Erdatmosphäre. Und dazu gehört zuweilen, dass H_2O vom Himmel fällt.

Was ist, ist, und wie ich es beurteile, bestimmt mein Erleben – das heißt, ich rege mich eigentlich nicht über das auf, was ist, sondern ich ärgere mich, dass ich nicht bekomme, was ich mir vorstelle. Wer denkt, dieses und jenes sei unverschämt, wendet sich gegen den Lauf der Dinge. Mit anderen Worten: Er wird sich nicht bewusst, dass seine Überzeugungen und Annahmen die wirklichen Auslöser für sein Erleben sind. Noch einmal: Dieses und jenes ist lediglich ungünstig für das Erreichen eines Zieles – nicht mehr und nicht weniger! Das heißt freilich nicht, dass man keine Wut empfinden und keine Gefühle zeigen darf. Ganz im Gegenteil. Es ist wichtig, Enttäuschungen, Trauer und Ärger zuzulassen. Wer einen Misserfolg oder eine unerfüllte Erwartung betrauert, schützt sich langfristig vor innerer Kündigung dem Leben gegenüber. Trauer, Angst und Ärger haben eine biologische Entladungs-Funktion – nicht gelebte Trauer führt oftmals zu Depressionen. Nach einer intensiven Trauerarbeit gelingt es leichter, sich wieder auf das Leben einzulassen.

Menschen, die nicht selbstbewusst leben, flüchten sich gern in Projektionen, wenn eine Situationen oder das Verhalten anderer nicht ihren Erwartungen entspricht und deshalb abgelehnt wird. Auf diese Weise lenken sie von sich ab und beschreiben stattdessen »das da draußen« als negativ. Sie geben ihm Namen wie »Sauladen« oder »Idiot«. Sie kaprizieren sich auf ihre Opferrolle. Denn die vermittelt das Gefühl, wieder einmal Recht zu haben, bestätigt zu bekommen, das alles »Mist« ist. Schließlich will man, wenn man schon sonst nichts hat, wenigstens Recht haben!

Wir orientieren uns nicht an der Wahrheit, also an dem, was wirklich ist, sondern an der Unwahrheit, an unseren Vorstellungen, wie etwas sein sollte. Etwas provozierend formuliert: Wir agieren in der Lüge. Dass wir alle in einer subjektiven Welt leben, ist hinlänglich bekannt. Doch wer trägt dieser Erkenntnis in der Auseinandersetzung mit dem Auf und Ab des Lebens wirklich Rechnung. Das Auf und Ab des Lebens ist ja eine Tatsache! Wir bezeichnen lediglich das, was günstig für unser Ziel ist, als *Auf*, und das, was uns missfällt, als *Ab*. Ich wiederhole: Es gibt keine »Probleme«, keine »Krisen« oder »Hochs«. Mit diesen gedanklichen Beiträgen belasten wir uns nur und zögern notwendige Reaktionen hinaus.

Mit Klagen und Jammern begeben wir uns in eine Opferrolle – erfolgreiche Verhaltensänderung ist dann nicht mehr möglich.

Diese abstrakten Ausführungen zur »Beitragsphilosophie« (wie ich das nenne), für deren Verarbeitung die linke Gehirnhälfte zuständig ist, möchte ich im Folgenden mit einigen Geschichten illustrieren, Ihnen also Bilder als Anker für die rechte Gehirnhälfte mit auf den Weg geben.

Im ersten Bild will ein Japaner auf dem Münchner Viktualienmarkt einen Rettich kaufen. Das »R« kann er nicht aussprechen, also verlangt er am Gemüsestand einen »Lettich«. Diese akustische Welle findet jedoch keinen Resonanzboden in der königlich-bayerischen Software der Verkäuferin. Sie ist verunsichert, versteht den Japaner nicht. Der wiederholt immer nur »Lettich«. Jetzt rettet sie sich aus der ihr unangenehmen Situation und schimpft vor sich hin: »Saupreiß, japanischer!« Und schon fühlt sie sich wohler.

Nun muss man wissen, dass der Bayer jeden nicht bayerischen Deutschen als Preußen bezeichnet. Und wenn dieser sich nicht so verhält, wie es der Bayer erwartet, dann gibt er ihm Namen, unter anderem »Saupreiß«. Das kann man dann beliebig auf alle »Ausländer« übertragen. Ein wohl typisch menschlicher Mechanismus kommt hier zum Vorschein: Wir erniedrigen andere, um damit für kurze Zeit unseren Eigenwert zu erhöhen. Auf Dauer bezahlen wir dafür jedoch einen hohen Preis: Diese Mechanik verhindert Einsichten und damit Veränderungen, und das schränkt unsere Möglichkeiten zur Selbst-Entwicklung ein.

Eine andere Geschichte: Eva, noch im Paradies, kritisiert ihren Adam mit den Worten: »Liebster, dein Verhalten ist aus meiner Sicht äußerst ungünstig für meine Definition von Partnerschaft und Liebe. Ich wünsche mir von dir…« Nach dem Biss in den Apfel der Erkenntnis, dem die Vertreibung aus dem Paradies auf dem Fuße folgt, ist er in ihren Augen entweder gut oder böse, nach dem Motto: »Du bist lieb, wenn du das machst, was ich will.« Und: »Du bist gemein, wenn du das tust, was du willst.« Wäre es nicht ein großer Schritt zurück in eine paradiesische Beziehung, wenn wir uns nicht als Personen verurteilten, sondern nur das jeweilige Verhalten des anderen als günstig oder ungünstig im Verhältnis zu unseren Wünschen und Vorstellungen beurteilten?! Das könnten wir ja durchaus in kräftigen Worten zum Ausdruck bringen. Wir blieben mit dieser Ich-Aussage aber bei *unserem* Erleben und *unserer* Enttäuschung. Und wir würden auf diese Weise den für uns alle typischen Kampf ums Rechthaben vermeiden. Hierzu biete ich Ihnen zwei Übungen an:

Übungen

Bewusstheitsübung

Sie sitzen in einem Café und haben genügend Muße, um Ihre Beitragsmechanik kennen zu lernen. Die folgenden Schritte helfen Ihnen dabei:

1. Ich sehe…
2. Ich beurteile…
3. Ich beobachte, was ich beurteile…

Zur Veranschaulichung ein Beispiel:

1. *Ich sehe:* Ein Mann und eine Frau sitzen sich schweigend gegenüber.
2. *Ich beurteile:* Die beiden haben sich nichts mehr zu sagen, die Ehe ist zerrüttet.
3. *Ich beobachte, wie ich beurteile:* Ich bin der Zeuge meiner Beurteilung und weiß, dass meine Beurteilung mehr mit mir zu tun hat als mit den beiden, die ich beobachte.

Sie können diese Übung auch variieren: Betrachten Sie mehrere Fotos, auf denen Ihnen nicht bekannte Menschen in einer möglichst emotional aufgeladenen Situation etwas tun oder miteinander kommunizieren. Stellen Sie sich dabei folgende Fragen, und lassen Sie bei deren Beantwortung Ihrer Phantasie freien Lauf:

1. Was geschieht da gerade?
2. Was ging wohl dieser Situation voraus?
3. Wie wird es weitergehen?

Mit diesen beiden Übungen machen Sie sich Ihre typischen Denkmuster und Projektionen bewusst. Fällt Ihnen eine spezifische Tendenz hinsichtlich ihrer Wahrnehmung auf?

Drei-Tage-Übung

Beurteilen Sie sich und andere drei Tage lang einmal nur auf der Verhaltensebene: »Das ist günstig und das ist ungünstig bezogen auf meine Erwartung.« Also nur Ich-Äußerungen, keine »Du-bist«- und »Du-sollst«-Aussagen! So kommen Sie Ihrer Wahrheit und auch der Einzigartigkeit der Menschen, mit denen Sie zu tun haben, näher.

Damit komme ich zu meiner dritten Geschichte. Sie ist, das bestätigen mir Seminarteilnehmer immer wieder, ein sehr wirksamer Anker, weil sie eine für viele Menschen typische Situation beschreibt: Vor Ihnen auf der Autobahn, auf der linken Spur fährt ein Mensch – physikalisch betrachtet: ein

Energiebündel – mit 120 km/h in einem Kleinwagen. Die rechte Spur ist völlig frei. Mit sich und der Welt in Einklang fährt er dahin und ist gut drauf. Er tritt kräftig aufs Gaspedal und holt aus seiner Kiste heraus, was sie hergibt. Das sind allerdings nur 120 km/h.

Jetzt die Preisfrage: Wie wird aus einem, poetisch ausgedrückt: »strahlenden Stern« ein »Vollidiot«? Sie haben es erraten: Weil Sie sich ihm nähern. Aber zum besseren Verständnis noch mal langsam: Was ist die Situation, und was tun Sie hinzu? Welches ist Ihr Beitrag zu dieser Situation?

> *»Wer hat das Problem?« – diese Frage ist ein wichtiger Erleuchtungssatz des SELBST-ENTWICKLERS.*

Da fährt einer links. Und Sie setzen darauf, dass, wer nach rechts fahren kann, dies auch tut, weil es das Gesetz vorschreibt. Sie sind davon überzeugt, dass §1 der Straßenverkehrsordnung auch wirklich von jedem Verkehrsteilnehmer befolgt wird. Das nennt man einen Glaubenssatz oder eine irrationale Muss-Annahme (siehe Seite 88 f.). Die Folge: Erst wird der Mann vor Ihnen zum »Idioten« erklärt, dann fahren Sie genervt möglichst dicht auf. Jetzt ist er schon zum »Vollidioten« geworden, und mit der Zeit fallen Ihnen noch andere Bezeichnungen ein.

Wir alle sind sehr kreativ, wenn es darum geht, Ablenkungsmanöver einzuleiten, um die eigene Verantwortung für unser Erleben abzugeben. In solchen Situationen sollten Sie folgende Frage beantworten: »Wer hat hier das Problem?« Ganz klar: Sie haben es eilig und haben sich Ihren Ärger zu der Situation hinzugedacht! Also haben Sie ein Problem! Ist diese Erkenntnis nicht herrlich befreiend? Sie müssen nicht mehr darauf warten, dass der »Idiot« da vorn sein Verhalten ändert, sondern können sofort bei sich selbst beginnen. Das erzeugt Eigen-Macht!

Wir alle kennen noch unzählige andere Situationen dieser Art: Da steht jemand links statt rechts auf der Rolltreppe, da »blockiert« einer den Geldautomaten, da ist die Parklücke zu eng, weil … Es gibt aber keine »Vollidioten«, es gibt keine »Schlamper«, es gibt nur »strahlende Sterne«, die nach ihren Bedürfnissen leben und ihre Ziele verfolgen. Das, was diese Menschen tun und glauben, macht »Sinn« – innerhalb ihres gegenwärtigen Angst- und Denksystems. Jeder von uns hat also Recht – unter seinem ganz persönlichen Blickwinkel. Es gibt demnach niemanden, der im Augenblick des Tuns etwas »Unsinniges« macht. Das ist bekannt, wir vergessen es jedoch besonders dann, wenn es nicht mit unserer Vorstellung vereinbar ist. Und das ist dann unangenehm – aber nur für uns! Fair ausgedrückt heißt das: Das Verhalten des anderen ist aus meiner Sicht ungünstig für die Erfüllung meiner Erwartungen. Und darüber ärgere ich mich.

Was kann man nun tun, um sich nicht in dieser ohnmächtigen Opferrolle zu verlieren? Zu Ihrer Erleichterung: In Situationen, wie ich sie geschildert habe, dürfen wir unsere Gefühle zulassen und sie auch äußern. Auch klagen ist nicht verboten. Das dient oft dem Abbau von Spannungen. Aber wir sollten einen positiven Ausweg bereithalten. Um zwischen einer befreienden emotionalen Äußerung und der grundlegenden Einsicht, das nicht *es* mich ärgert oder traurig macht, sondern *ich* mich selbst, den notwendigen Ausgleich zu schaffen, habe ich folgenden Kompromiss entwickelt: die Zwinker-Methode. Das ganz bewusst eingesetzte Zwinkerauge beim Erzählen einer Geschichte deutet humorvoll an, dass sie nicht ganz der Wahrheit entspricht, frei nach dem Motto: Wenn es auch nicht wahr ist, so ist es doch gut erfunden.

Wenn ich mich also aufrege über Situationen und Menschen, die nicht so sind, wie ich es mir vorstelle, und sie deshalb mit unfreundlichen Namen »strafe«, zwinkere ich gleichzeitig mehrmals mit meinem linken Auge. Auf diese Weise gelingt es mir, zum Zeugen meiner automatischen Beiträge zu werden. Ich verbiete mir zwar nicht das Schimpfen und Klagen, doch ich spiele das Schwarzer-Peter-Spiel (»Das ist – bzw. Du bist – schuld, blöd, gemein …«) immer seltener.

Eines Morgens, im vergangenen Sommer, hatte ich es eilig. An einer roten Ampel geschah es dann: Im Auto vor mir saß ein weiblicher Stern und fuhr bei Grün nicht los. Sie wissen schon: Ich hatte das »Problem«. Doch das machte ich mir nicht bewusst und versuchte zunächst, den Knoten nach alter Manier zu lösen: Wutentbrannt belegte ich die Dame vor mir mit allen möglichen Schimpfwörtern. Ich weiß nicht mehr genau, was ich da alles hinter meiner Windschutzscheibe gestikulierend gerufen habe. Schmeichelhaft war es jedenfalls nicht. Sie fuhr trotzdem nicht los. Dann fiel es mir wieder ein: Ich zwinkerte mir zu, während ich die Autofahrerin vor mir weiterhin mit Worten traktierte. Sofort bekam ich Distanz zu dieser Situation. Und das Opferspiel war beendet. Der SELBST-ENTWICKLER in mir hatte die Oberhand gewonnen, und siehe da, ich hatte mich plötzlich in eine ganz andere Stimmung versetzt.

> *Solange wir der Überzeugung sind, wir seien nur von Dummköpfen umgeben, wird der SELBST-ENTWICKLER in uns auf der Strecke bleiben.*

Bisher bin ich nicht dazu gekommen, aber vielleicht sollte ich doch die »Glaubensgemeinschaft der Zwinkerer« gründen – und die Mitglieder bitten, sich alle ein Zwinker-Auge als Erkennungszeichen aufs Auto zu kleben. Wenn sie sich dann – aus welchen Gründen auch immer – in die Haare geraten, würde das Zwinker-Auge die Situation entschärfen. Sobald nämlich die Beteiligten das Symbol entdeckt hätten, könnten sie herzhaft über ihre Verbissenheit lachen – Erleuchtung schafft Erleichterung!

Wie gesagt: Allein die Selbst-Bewusstheit, also die Beobachtung der eigenen Denk- und Verhaltensmechanik erhöht die Eigen-Macht und verändert das Verhalten! Ohne dieses bewusste Zwinkern hat der SELBST-ENTWICKLER in seinem Veränderungsprozess keine Chance.

Die Situation ist mein Coach

Einmal hatte ich eine Autopanne, nachts um zwei bei Karlsruhe. Selbstverständlich lief erst einmal der übliche innere Dialog ab: »Warum fahre ich auch nachts mit diesem blöden Auto durch die Gegend? Bei diesem Mistwetter. So ein Pech!« Dann habe ich mich aber neben das Auto gekniet – jetzt wollte ich es wirklich wissen – und gesagt: »Danke Coach, dass du mich wieder prüfst. Ich dachte schon, du traust mir nichts mehr zu.« Waren das erste Anzeichen einer Wahrnehmungsstörung? Im Gegenteil: Das war alles Kalkül! Ganz bewusst habe ich in diesem Moment meine drohende Klageautomatik durch diesen Gedankenbeitrag ersetzt. Er stellte mich auf und machte mir bewusst, dass ich eben eine sportliche Trainingseinheit begonnen hatte. Als SELBST-ENTWICKLER erschaffe ich einen Kontext, der günstig für das Erreichen meines Zieles ist. In diesem Kontext kann ich eine »Panne« schneller und innovativer beheben als in der Rolle des Opfers und Pechvogels.

Der SELBST-ENTWICKLER entscheidet sich, am Leben zu wachsen. Er begreift Schwierigkeiten und unvorhergesehene Ereignisse als Lektion, als Aufforderung zum Lernen. Mit dieser Einstellung erschafft er sich den Sinn für sein Leben in einer Welt, die täglich unüberschaubarer wird.

Das gilt natürlich auch für Unternehmen, die zum Change-Management gezwungen sind: Eine Umstrukturierung löst die nächste ab. Wandel, Wandel, nichts als Wandel. Sie wissen schon: Die einzige Konstante im Leben ist der Wandel. Wenn wir uns damit nicht anfreunden, werden wir irgendwann überfordert und demotiviert sein.

Die Situation ist mein Coach, und ich bin ihr Schüler.

Die Situation ist mein Coach, und ich bin ihr Schüler – das ist der effektivste Kontext des SELBST-ENTWICKLERs im Umgang mit dem Leben und dem Wandel.

Ich will Ihnen kurz darstellen, wie es sich rechnet, wenn man diesen Satz beherzigt. Das ist beileibe kein philosophischer Schnickschnack, sondern sehr pragmatisch gedacht, denn es bringt Umsatz im geistig-seelischen Bereich und steigert den materiellen Gewinn.

Vor einiger Zeit wollte ich nach Düsseldorf zu einem Seminar fliegen. Da ich zu spät losgefahren war, kam ich schon gehetzt am Flughafen an. Ich war froh, dass ich es gerade noch geschafft hatte. Dann kam die große Enttäuschung, als die Stimme aus dem Lautsprecher verkündete: »Der Start des Fluges LH XY nach Düsseldorf muss aus technischen Gründen um voraussichtlich zweieinhalb Stunden verschoben werden. Die Maschine wird gegen 21.30 Uhr starten.« Um halb zehn statt um sieben! Mein automatischer Beitrag: »Ja, haben die noch alle Tassen im Schrank? Das gibt's doch nicht! Ist denn selbst auf die Lufthansa kein Verlass mehr? So ein Mist!«

Zunächst möchte ich Ihnen schildern, wie einige andere Fluggäste mit dieser Situation umgegangen sind; nachdem ich mich gefangen hatte, habe ich sie eingehend beobachtet.

Einem Geschäftsmann stieg die Zornesröte innerhalb von zehn Sekunden bis zum Haaransatz. Puterrot im Gesicht rannte er zum nächsten Schalter und beschimpfte wüst eine junge Angestellte, die dort ihren Dienst versah. Ich hörte einzelne Gesprächsfetzen wie: »Jetzt reicht's mir aber! Das lasse ich mir nicht gefallen! Sie werden noch von mir hören!« Zwischendurch, wenn er gerade Luft holte, versuchte sie ihm vergeblich deutlich zu machen: »Das hier ist kein Lufthansa-Schalter, für Ihr Problem bin ich nicht zuständig.« Doch der Einwand hatte keine Wirkung. »Das ist mir scheißegal!«, schrie der Geschäftsmann – so konnte er in seiner Ohnmacht wenigstens Druck ablassen und Adrenalin abbauen.

Ein zweiter Fluggast reagierte ganz anders. Er schien paralysiert zu sein. Völlige Lähmung. Wie ein Käfer, der sich nicht rührt, wenn Sie ihn anstupsen. Totstellreflex. Dieser Herr spielte »toter Mann«. Für ihn war alles gelaufen. Er war sichtbar am Ende.

Ein dritter Fluggast schließlich saß wie gelähmt auf seinem Wartesessel, brüllte aber irgendwelche Verwünschungen in sein Handy.

Es ist interessant und auch ein wenig tragisch, wie unterschiedlich Menschen auf dieselbe akustische Welle, die auf ihren individuellen Resonanzboden trifft, reagieren.

Der SELBST-ENTWICKLER merkt schneller als andere, wenn er zum Opfer automatischer Denkmechanismen wird.

Als bewusster und schon geübter Zeuge meiner typischen Klagelieder konnte ich auf die für mich ungünstige Situation sportlich reagieren. »Jetzt beginnt die Trainingseinheit, das Krisenmanagement«, dachte ich, griff nach meinem Handy und rief die Bundesbahn-Information an. »Wann fährt der nächste Zug? 19.45 Uhr? Bis dahin schaff ich es nicht mehr. Andere Optionen? Mietwagen? Da bin ich nachts um drei da und morgen früh nicht ausgeschlafen. Ist auch gefährlich, nachts im Regen Auto zu fahren.« Also pokerte ich und setzte auf die Lufthansa: »Ich nehme einfach mal an, dass sie auch um 21.30 Uhr fliegen, wenn sie es so ankündigen. Die Wahrscheinlichkeit ist jedenfalls hoch.«

Damit war die Sache für mich erledigt. Ich kaufte mir einen Krimi – wollte schon lange wieder mal einen lesen – und vertiefte mich in das Buch. Als uns dann die Stimme aus dem Lautsprecher zum Einsteigen aufforderte, fühlte ich mich fast gestört.

Dann saß ich im Flugzeug, und es gab etwas zu trinken. Auch mich fragte die Stewardess nach meinem Wunsch. »Ein Wasser, bitte.« Sie griff nach der Flasche, da erklang wieder eine Stimme aus dem Off: »Bitte Service einstellen. Wir haben Turbulenzen.« Alle waren versorgt, nur ich nicht!

Als wir schließlich gelandet waren und mein Koffer nicht auf dem Förderband erschien, wurde mir endgültig klar, dass mein Coach eine hohe Meinung von mir hatte und mich deshalb gleich in eine zusätzliche Trainingseinheit schickte: Alle hatten ihr Gepäck und strebten dem Ausgang zu, nur mein Koffer war nicht auf dem Band! Kennen Sie doch auch – diese Tage, an denen alles schief geht?! Aber: Ein SELBST-ENTWICKLER gibt sich nicht so leicht geschlagen! Freudig gestimmt, dass mein Coach mich für so stark hält, aktiv am »Elite-Programm« teilzunehmen, rannte ich leichtfüßig – ohne Koffer – an den anderen vorbei, um noch vor ihnen ein Taxi zu ergattern. Doch der Sprint war umsonst. Mindestens 50 Leute warteten schon auf ein Taxi. In Düsseldorf war Karneval ...

> *Zu erleben, dass man die Opferrolle verlassen kann, ist befreiend und Gewinn bringend.*

Nun war ich richtig in meinem Element – der SELBST-ENTWICKLER in einer Trainingseinheit –, und ich schlug Kapital aus dieser Vorstellung. Sozusagen »gut drauf«, konnte ich meinen Glaubenssatz widerlegen, wonach nur Autos, die als Taxi gekennzeichnet sind, mich zum Ziel bringen können. Ich lief zum nächsten Privatwagen, hielt dem Autofahrer 20 € unter die Nase und bat ihn, mich dafür ins Hotel zu bringen.

Er war davon begeistert. Es war ohnehin seine Richtung. Gehobener Stimmung fuhren wir Richtung Innenstadt.

Im Hotel angekommen, ging ich beschwingt zur Rezeption: »Guten Abend. Jens Corssen. Ich habe ein Zimmer …«

»Corssen? … Da habe ich leider keine Reservierung vorliegen …«

Aha, dachte ich, mein *personal coaching* ist noch in vollem Gang. Durch meine bisherigen Erfolge in hoher Schwingung, verhielt ich mich der Empfangsdame gegenüber sehr charmant und machte ihr keine Vorwürfe. Es waren zwar alle Zimmer belegt. Doch weil ich so liebenswürdig zu ihr war, gab sie mir schließlich eine Suite – zum gleichen Preis wie das Einzelzimmer.

Die Moral von der Geschicht'? Wer sich aufstellt, ist stressstabil, kreativ, denkt unternehmerisch und bleibt stets freundlich. Mit seiner gewinnenden Ausstrahlung macht er geistig-seelischen Umsatz und erreicht sein Ziel spielerischer. Es rechnet sich wirklich, wenn man sich morgens vor dem Aufbruch ins Büro sagt: »Willkommen Tag, ich erwähle dich mit all dem, was du mir bringst. Und darauf bin ich gespannt!« So wird jeder Tag zur willkommenen Trainingseinheit, die man mit sportlicher Gestimmtheit angeht.

In diesem Kontext des SELBST-ENTWICKLERs kann auch der Umgang mit dem Vorgesetzten das eigene Erleben bestimmen: Der rechthaberische Chef ist dann eine günstige Trainingseinheit für Konfrontation oder Gelassenheit.

Wenn wir diesen speziellen Ausgangspunkt wählen, können wir auch die Ehe unter eine andere Überschrift stellen: Warum wurde mir dieser Partner vom Schicksal »zugespielt«? Welche Entwicklungschancen habe ich dadurch? Was muss ich noch lernen? So bekommt alles einen Sinn. Einen Sinn, den sich der SELBST-ENTWICKLER selbst erschafft! Er ist der Chef seiner Gedanken und entscheidet damit auch über seine Gestimmtheit! Am Anfang war das Wort (die Idee), und Gott sprach: Es werde Licht! Und siehe da: Es ward Licht. Und ich sprach: Ich bin stark. Und siehe da: Ich wurde stark.

Wir können an den Herausforderungen wachsen, die das Leben uns stellt.

Ich habe einmal einen mächtigen Mann beraten, der drei Kinder hatte. Zwei davon entwickelten sich ganz nach seinen Vorstellungen, doch das dritte verhielt sich ihm gegenüber frech und unnahbar. Der Vater war völlig verzweifelt, er hatte alles versucht und sah nun keinen Ausweg mehr. Sein Sohn versagte in der Schule, wurde straffällig, die Polizei schaltete sich ein usw. Auf meine Frage, welche Aufgabe sein Sohn ihm stelle und was er aus dieser Situation lernen könne, antwortete er nach längerem Nachdenken: »Da sonst alles nach meiner Pfeife tanzt, zeigt er mir wohl meine Grenzen auf. Ich muss zugeben, dass ich keine Macht über ihn habe. Vielleicht sollte ich aufhören, ihn verändern zu wollen …« Also machte er sich fortan kein Bildnis mehr von seinem Sprössling und ließ auch von seiner Rechthaberei ab: Seitdem fällt den beiden der Umgang miteinander viel leichter.

In seinem neuen Kontext betrachtete der Vater seinen »Coach« als Entwicklungschance: »Wie gehe ich als *big boss* innovativ mit Ohnmacht um? Das ist eine wichtige Übung für mich.« Diese Idee gab ihm die Gelassenheit, das hinzunehmen, was nicht zu ändern war, und den Mut, das zu tun, was noch zu ändern ist. Seine Weisheit zeigte sich darin, dass er beides voneinander zu unterscheiden wusste. Sie kennen diese kluge Lebensregel.

Hätte sich der Vater seine spezielle Art zu denken nicht bewusst gemacht, wäre der Konflikt mit dem Sohn wohl eskaliert. Irgendwann hätte er die Nerven verloren und seinen Sohn noch strenger behandelt und ihn damit noch mehr abgewertet. Und hätte nicht erkannt, dass seine eigenen

Schwierigkeiten auf der Vorstellung gründen, sein Sohn habe unbedingt die väterlichen Erwartungen zu erfüllen.

> *Der SELBST-ENTWICKLER hat die Gelassenheit, das hinzunehmen, was er nicht ändern kann, den Mut, die Dinge anzugehen, die er ändern kann, und die Weisheit, beides voneinander zu unterscheiden.*

Die eigene *Vor-Stellung* verstellt uns oft den Blick auf das, was wirklich wichtig ist. Das Wort *Idiot* kommt aus dem Griechischen und beschreibt einen Menschen, der so in seinem Weltbild gefangen ist, dass er keine Signale der Wirklichkeit mehr in sein Denksystem aufnimmt. Dieses Beispiel gilt auch für die Berufswelt: Sind die Erwartungen, die der Chef in das Verhalten seiner Mitarbeiter setzt, immer gerechtfertigt? Sieht er nur die Erfordernisse der eigenen Abteilung, des eigenen Unternehmens, nur die eigenen Ziele? Oder fördert er auch die Einzigartigkeit und die ungenutzten Potenziale seiner Mitarbeiter und setzt sie zielfördernd ein? In seinem Buch *Aufstand des Individuums* schreibt Reinhard K. Sprenger: »Je unterschiedlicher die Menschen in einem Unternehmen sind, desto mehr Informationen werden aufgenommen und verarbeitet.« Auch zu Gunsten des Unternehmens!

Das setzt zumindest Querdenker, Andersdenker, Kreative und Mutige voraus. Menschen also, die auch konfliktgeladene Situationen herbeiführen können. Mit ihnen umzugehen und sie zu führen, setzt Selbst-Bewusstheit auf Seiten der Führungskraft voraus. Nur der SELBST-ENTWICKLER wird es schaffen, die Energien und Potenziale solcher Mitarbeiter ohne den üblichen Kleinkrieg um Positionen, Kompetenzen und Verfahrensweisen zu nutzen.

Die Lösungen von gestern sind oft die Probleme von heute. Viele Unternehmen sind gescheitert, weil sie an alten Lösungen festgehalten haben. Der SELBST-ENTWICKLER hat es da wesentlich leichter, weil er seine Einstellungen aus freien Stücken überprüft und sie, wie auch sein Verhalten, den neuen Bedingungen anpasst. Auf ihn trifft die Erkenntnis nicht zu, wonach Veränderungen meist eine Funktion von Dringlichkeit sind. Er bewegt sich als »übender Meister« schon im Fluss des Wandels.

Das Gesagte gilt auch für die kleinen alltäglichen Schwierigkeiten, auf die wir unbeherrscht, gereizt und verärgert reagieren. Es ist erstaunlich, wie schnell wir anderen abfällige Bezeichnungen verpassen, wenn sie sich nicht so verhalten, wie wir es erwarten – selbst gegenüber Gegenständen reagieren wir so, obgleich wir wissen, dass sie leblose Materie sind. Alles ist Energie, habe ich mich aufklären lassen. Wie kann Energie blöde sein? Warum sagt das kleine Kind, das sich im Dunkeln an einem Tisch stößt: »Du böser Tisch!« Das muss es doch von seinen Eltern übernommen haben. Das kann doch nicht schon in den Genen angelegt sein!

Der SELBST-ENTWICKLER hingegen – Sie erinnern sich: Die Situation ist mein Coach, und ich bin ihr Schüler – konstatiert in einem solchen Fall: »Danke Tisch, dass du mich prüfst. Das passiert mir nicht noch einmal!« Als gelehriger Schüler nimmt er dann sein Heft zur Hand und notiert günstigere Alternativen für das Durcheilen dunkler Räume. Er lernt sofort aus der Situation und verbeißt sich nicht in Schuldzuweisungen. Er spielt das Opferspiel nicht mit!

Das Wichtigste in Kürze

- Der Selbst-Entwickler entwickelt bewusst seine Einstellungen und sein Verhalten, bevor ihn äußere Umstände dazu zwingen. Hierfür benutzt er die vier Werkzeuge Selbst-Verantwortung, Selbst-Bewusstheit, Selbst-Vertrauen, und Selbst-Überwindung.
- Der Selbst-Entwickler hat erkannt, dass es weniger Energie kostet, sich selbst auf ein Ziel hin zu entwickeln, statt darauf zu warten, dass die anderen sich ändern.
- Der Selbst-Entwickler macht auf diese Weise großen geistig-seelischen Umsatz und dementsprechend auch großen materiellen Gewinn.
- Der Selbst-Entwickler akzeptiert als Change-Manager das *Stirb und Werde*: Er kann loslassen, Neues wagen und sich leichter auf Try-and-Error-Strategien einlassen.
- Der Selbst-Entwickler ist kein fremdbestimmtes, leidendes Opfer, sondern ein freudig gestimmter *Macher*, der Schöpfer seiner Gedanken und seines Verhaltens.
- Der Selbst-Entwickler hat das Bewusstsein für Alternativen: er *muss* nicht, er *will*. Deshalb lebt er nach der Devise *Wo ich bin, will ich sein*. Dies macht er sich mit Hilfe der *Bettkantenübung* täglich bewusst.
- Der Selbst-Entwickler akzeptiert das *Was ist, ist* und weiß, dass Erfolgs- oder Misserfolgserlebnisse letztlich von seiner Art des Denkens bestimmt sind.
- Der Selbst-Entwickler beurteilt andere Menschen und ihr Verhalten danach, ob das, was er erlebt, günstig oder ungünstig für das eigene Ziel ist. In der Konfrontation mit anderen vermeidet er Aussagen wie »Du sollst …« und »Du bist …«. Mit der *Bewusstheitsübung* untersucht er seine Beitragsmechanik.

- Der Selbst-Entwickler begreift Schwierigkeiten als sportliche Herausforderungen, aus denen er lernt und an denen er wächst, getreu der Erleuchtung *Die Situation ist mein Coach, und ich bin ihr Schüler.*
- Wenn es dem Selbst-Entwickler gelingt, sich in den Wandel (also das Leben) zu verlieben, ist er dem »positiv« Denkenden überlegen, denn versucht, sich die Welt rosarot zu denken. Daran wird er auf Dauer scheitern, denn Nicht-Freude ist die Voraussetzung für das Erleben von Freude.
- *Bettkantenübung*
  Stehen Sie morgens nicht einfach auf, sondern setzen Sie sich auf die Bettkante, und entscheiden Sie sich ganz bewusst, ob Sie auf stehen und am Leben teilnehmen wollen oder nicht: Wenn ja, dann geben Sie Ihr Bestes. Wenn nein, dann lassen Sie sich wieder in die Kissen fallen und bleiben liegen. Man wird sich um Sie kümmern.
- *Bewusstheitsübung*
  Beobachten Sie andere Menschen, die miteinan-
  der kommunizieren, um Ihre eigene Beitragsmechanik zu untersuchen. Die folgenden drei Schritte helfen Ihnen dabei:
  1. Ich sehe …
  2. Ich beurteile …
  3. Ich beobachte, was ich beurteile …

  Eine Variante: Betrachten Sie mehrere Fotos, auf denen Ihnen bekannte Menschen etwas tun oder miteinander sprechen. Beantworten Sie dabei folgende Fragen:
  1. Was geschieht gerade?
  2. Was ging wohl dieser Situation voraus?
  3. Wie wird es weitergehen?

Selbst-Bewusstheit

Das zweite Instrument des SELBST-ENTWICKLERs ist die Selbst-Bewusstheit. Selbst-Bewusstheit, wie ich sie definiere, bedeutet nicht, dass wir uns gut durchsetzen können, dass wir unsere Ellbogen ausfahren. Selbst-Bewusstheit heißt hier:

- Ich weiß, was ich denke.
- Ich kenne meine Einstellungen.
- Ich weiß, was ich tue.

Das ist die unbedingte Voraussetzung für Veränderung und den erfolgreichen Umgang mit sich selbst und mit anderen Menschen: Wer nicht weiß, was er denkt, und nicht merkt, dass er zum Beispiel andere dominiert, wird nur schwer damit aufhören können. Erst wenn wir uns selbst beim Denken und beim Handeln beobachten, also Zeugen sind, haben wir eine Chance, das zu ändern.

Viele Menschen nutzen ihre Potenziale nur zu 20 Prozent, die restlichen 80 Prozent verkümmern, weil innere Hindernisse ihre Entfaltung nicht zulassen. Selbst-Bewusstheit heißt also vor allem, sich der eigenen Denkmechanik und der inneren Blockaden bewusst zu sein. Wer nicht weiß, was und wie er denkt, kann sein Denken schwerlich ändern!

Was denke ich über mich und das Leben?

Selbst-Bewusstheit verlangt das schonungslose Nachdenken über sich selbst und den Kontext, der das eigene Erleben bestimmt. Sie können sich dabei an den nachstehend aufgeführten Leitfragen orientieren. Ob Sie Ihre Antworten nur im Geiste formulieren oder aufschreiben, können sie selbst entscheiden – ehrlich sollten Sie allerdings schon mit sich sein. Trauen Sie Ihren Impulsen: Denken Sie nicht zu lange nach, lassen Sie die Antworten von selbst kommen, auch wenn sie überraschend und wenig schmeichelhaft sind.

Die folgende Selbstbefragung – eine Art Workshop mit sich selbst – soll Ihnen Ihre Gedanken, anders ausgedrückt: Ihre »Software«, bewusst machen: Was denke ich über mich selbst? Wie sollte der Andere, wie sollte meine Firma, meine Ehe sein? Wie sollte das Leben sein? Das heißt: Was erwarte ich? Was sind meine Vorstellungen?

Nennen Sie Ihre Ziele und auch die Hindernisse, die Sie sehen. Zum Schluss reflektieren Sie Ihre spezifische Einstellung zum Leben. Legen Sie los!

- Die ersten Fragen beschäftigen sich mit Ihrem Selbstbild, Ihrer Eigenwahrnehmung: Was denke ich eigentlich über mich? Wie beschreibe ich mich selbst? Was bin ich für ein Typ? Versuchen Sie bitte nicht, eine Antwort auf die Frage »Wer bin ich wirklich?« zu finden. Machen Sie es sich ganz einfach: Was ist meine Meinung über mich?
- Nun beschäftigen Sie sich mit Ihren Vorstellungen zum Thema Partnerschaft: Wie sollte ein gutes Miteinander aussehen? Sie können dabei an Kollegen, an eine Geschäftsbeziehung oder auch an eine Liebesbeziehung denken. Wie sollte der Andere sein, damit Sie sich wohl fühlen und mit ihm eine Gewinnsituation erleben?
- Nun befassen Sie sich mit Ihren Zielen, Wünschen und Bedürfnissen: Was möchte ich gern haben? Was möchte ich gern können? Wie möchte ich gern sein? Gehen Sie dabei nicht selbstkritisch zu Werke; stellen Sie sich vielmehr einen Weihnachts-Wunschzettel vor, den Sie mit Ihren Wünschen füllen.

- Als Nächstes formulieren Sie Ihre Ziele und machen sich bewusst, welche Hindernisse Ihnen Ihrer Meinung nach den Weg zu Ihren Zielen verbauen. Warum können Sie dies noch nicht, warum haben sie jenes noch nicht, warum sind Sie noch nicht so, wie Sie es sich wünschen? Machen Sie sich Ihre Hindernisse bewusst. Es rechnet sich!
- Und zum Schluss, in drei Minuten: Was ist der Sinn Ihres Lebens? Eine Antwort auf diese Frage gehört zum erfolgreichen Umgang mit sich selbst. Denken Sie dabei nicht abstrakt: Es geht nicht um den Sinn des Lebens schlechthin. Nein, es geht ganz konkret um den Sinn, um die Werte *Ihres* Lebens, oder wie es ein Berliner in meinem Seminar einmal salopp formuliert hat: »Warum hab ick mir noch nich umjebracht?«

Ziele formulieren

Wählen Sie zunächst drei Ziele, die Sie in nächster Zeit erreichen möchten – Dinge, die Ihnen wirklich wichtig sind. Und nun wählen Sie aus diesen drei Zielen dasjenige aus, für das Sie innerhalb von 48 Stunden den ersten Schritt tun werden. Wie heißt es so treffend in einem chinesischen Sprichwort: Eine Reise von 1000 Meilen beginnt mit einem Schritt.

Schreiben Sie dieses Ziel auf einen Zettel, und lesen Sie ihn täglich. Mehr dazu später.

Hindernisse bewusst machen

Es ist wichtig, Ihr Bewusstsein dafür zu schärfen, ob Sie die Hindernisse auf dem Weg zu Ihren Zielen in der Außenwelt oder eher in sich selbst sehen. Wenn Sie sie nur außerhalb Ihres Selbst sehen, werden Sie sich als Opfer fühlen. Dann werden Sie mit der Zeit paranoid und entwickeln einen Verfolgungswahn: Da draußen lauern die Bösen, und die haben nur ein Ziel: mich zu behindern!

Mit der Zeit wird es immer schwieriger, die eigenen Ziele zu verfolgen. Günstiger ist es, wenn man in sich selbst Hindernisse erkennt und sie als aktiver SELBST-ENTWICKLER überwindet.

Die Hindernisse, die von außen wirken, können Sie auch von innen angehen, zum Teil jedenfalls: Der Nachbar, der Sie ärgert, der Chef mit seiner Besserwisserei, die Tochter mit ihrem Musikgeschmack. Sie haben die Chance, aktiv zu werden: Ändern Sie Ihre Einstellung, Ihren Kontext dem Andersartigen gegenüber; begegnen Sie zum Beispiel den musikalischen Extravaganzen Ihrer Tochter mit der Einsicht, dass man über Geschmack nicht streiten kann. Oder denken Sie an die Erkenntnis: Jeder hat Recht in seinem Angst- und Denksystem.

Die mentale Stabilität erhalten

Meiner Erfahrung nach, und die stützt sich auf zahllose Gespräche, lassen sich die Faktoren, die unsere mentale Stabilität beeinträchtigen und damit unserer Selbst-Bewusstheit und unserem Wohlergehen im Wege stehen, mit einigen typischen Verhaltens- und Reaktionsmustern beschreiben:

- automatische Störgedanken und Grübeleien
- Selbsthypnosen
- Selbstbegrenzungen
- Glaubenssätze bzw. irrationale Muss-Annahmen

Automatische Störgedanken und Grübeleien

»Ich schaffe es nicht« – »Ich gebe viel zu schnell auf« – »Das war wieder mal typisch für mich …« Sie kennen diese negativen Selbstgespräche und Grübeleien, die ewigen Klagelieder? Häufig kommen sie nachts. Man wacht auf. Zwei Uhr! Und kann nicht mehr einschlafen. Das *Endlosband im Kopf* läuft immer weiter, gegen unseren Willen.

Niemand stellt freiwillig den Wecker für zwei Uhr nachts, um aufzuwachen und zu denken: »Jetzt mache ich mich fertig!« Niemand denkt sich vorsätzlich in eine Horrorvorstellung hinein. Nein, *es* denkt uns! Das nennen die Amerikaner *the voice over*. In uns treibt sich eine Stimme herum, die ständig auf uns einquatscht, immer alles beurteilt – ohne unser Zutun.

Doch wenn man diesen Mechanismus erkennt, bewusst wahrnimmt, verliert er seine Macht.

Schlafstörungen haben viel damit zu tun, dass der *Quatschi* (dieser Begriff wurde von einem meiner Seminar-Teilnehmer geprägt) kommt. Die negativen, destruktiven Gedanken, das ist der *Quatschi*, der mir den Kopf vollquatscht; die positiven Gedanken bezeichnen wir als Intuition und Inspiration.

»*Es* denkt mich nicht nur, *es* isst mich auch«, gestand mir einmal ein übergewichtiger Teilnehmer. Aus dieser Erkenntnis lässt sich die meiner Ansicht nach beste Diät ableiten: Nur wer ganz bewusst isst – kein Fernsehen, kein Lesen, kein Gespräch –, kann dabei abnehmen. Und jeden Bissen zwanzig Mal kauen! Man isst weniger und gesünder, weil man bewusst isst. Zudem gilt: Wer weiß, dass er isst, kann auch damit aufhören.

Genauso verhält es sich mit *Quatschi*. Wer ihn erkennt, baut allein schon dadurch Eigen-Macht auf, dass er sich nicht mehr so leicht denken lässt, sondern selbst denkt.

Wer dem Quatschi auf die Spur kommt, baut Eigen-Macht auf, nach dem Motto: Hier denkt der Chef selbst!

Quatschi ist ein Hindernis auf dem Weg zum Erfolg! Er meldet sich immer dann zu Wort, wenn wir nicht konzentriert sind, nicht richtig bei der Sache sind oder schlichtweg nichts zu tun haben. Solange wir konzentriert arbeiten, hat er keine Chance, sich ins Gehirn zu schleichen. Wer jedoch ohne Job ist, kennt das: Arbeitslose sind nicht gefordert, ihr Alltag hat wenig Struktur. Sie gehen spazieren, sitzen auf der Parkbank, sehen fern – und dann schlägt *Quatschi* zu: »Du taugst ja doch nichts mehr, du gehörst einfach nicht mehr dazu, du wirst ohnehin keine Stelle mehr finden.« Diese dauernde negative Selbstbeurteilung kann einen Menschen fertig machen, so dass er sich schließlich gar nichts mehr zutraut.

Viele Menschen entkommen dem *Quatschi*, indem sie exzessiv am PC sitzen, Computer-Spiele spielen, im Internet surfen, Excel-Sheets bearbeiten – sie versetzen sich auf diese Weise in eine Art Trance. Der *Quatschi* kann sie mit seinen Anwürfen und Schuldgefühlen nicht mehr erreichen. Der PC als Droge – damit unterdrückt man die automatischen Gedanken aber nur.

Graf Keyserling, ein Bewusstseinslehrer, sagte einmal sinngemäß: »Die größte Tugend, um Glück zu erlangen, ist die eigene Konzentrationsfähigkeit.« Was meinte er damit? Nichts anderes, als sich auf die Gegenwart zu konzentrieren, auf das, was man gerade tut: Wenn ich esse, esse ich bewusst; wenn ich Schnittlauch schneide, konzentriere ich mich nur darauf; wenn ich meine Steuererklärung mache, befasse ich mich nur damit. Und eben nicht: Wenn ich mit meiner Liebsten beisammen bin, denke ich an die Steuererklärung – oder umgekehrt. Unser Endlosband im Kopf verhindert ein beglückendes Gegenwartserleben. Es befördert uns entweder in die Vergangenheit oder in die Zukunft. Die folgende Übung hilft Ihnen, das »Chef-Denken« zu trainieren:

Übung

Bild der Freude

Schließen Sie die Augen, und stellen Sie sich ein Bild vor, das Sie in freudige Gestimmtheit versetzt – wer das kann, ist der Boss seines Erlebens!

Legen Sie nun das Buch beiseite, setzen Sie sich aufrecht hin, schließen Sie die Augen, stellen Sie die Füße im Abstand von 18 Zentimetern parallel zueinander auf den Boden, und legen Sie die Hände auf die Oberschenkel, dabei zeigen die Handflächen nach oben. Bleiben Sie einen Moment in dieser Stellung sitzen ...

Was ist Ihnen dabei durch den Kopf gegangen?

»Was soll das? Was bringt mir das?«, oder etwas Ähnliches werden Sie gedacht haben. »Weshalb ausgerechnet 18 Zentimeter?« – »Was ist das wieder laut da draußen.« Sie merken: Sofort hat sich *Quatschi* gemeldet – er hat Sie gedacht!

Wenn ich diese Übung mit den Seminarteilnehmern mache, höre ich immer wieder, dass es doch unmöglich sei, nichts zu denken. Doch, entgegne ich dann, Zen-Meister beherrschen das! Sie können das Denken abschalten. Sie denken nicht »Da höre ich eine Amsel«, sie nehmen nur das Geräusch wahr – aber sie beurteilen es nicht. Was uns belastet, ist dieses ständige Beurteilen: Wenn im Hotelzimmer nebenan spät abends noch der Fernseher läuft, dann ist es nicht das Geräusch, das Sie nicht schlafen lässt, sondern der Gedanke, schon wieder so einen rücksichtslosen Zimmernachbarn zu haben.

Als ich bei einem Freund übernachtete, bellte draußen nachts um zwei ein Hund. Ich ärgerte mich über den rücksichtslosen Hundehalter und konnte nicht mehr einschlafen. Schließlich konzentrierte ich mich nur auf das Bellen des Hundes und schrieb im Geiste Musiknoten mit. Hoch und runter. Nach einer Weile dachte ich gar nicht mehr »Hund«, sondern übersetzte nur noch die Geräusche in Noten.

Ich schrieb eine ganze Partitur. Dabei schlief ich ein. Es ist die Beurteilung der Situation, die uns in Rage bringt, nicht das Geräusch. Deshalb ist es wichtig, sich konzentrieren zu können – auf das, was man selbst bestimmt. Sie können das lernen! Versuchen Sie es einmal mit dieser kleinen Übung:

Übung

Verbesserung der Konzentrationsfähigkeit

Zählen Sie in Gedanken von 99 bis 0. Aber nicht fortlaufend, sondern nach folgendem Muster:

beim Ausatmen: 99, 98, 97;

beim Einatmen: wiederholen Sie die letzte Zahl, also 97;

dann beim Ausatmen: 96, 95, 94;

beim Einatmen: 94 wiederholen, und so weiter.

Zwischendurch könnte es sein, dass Quatschi sich meldet: »Du konntest noch nie gut mit Zahlen umgehen!«

Ein Seminarteilnehmer erzählte, dass ihm bei 87 ein beängstigender Gedanke durch den Kopf schoss: »87 000 minus auf dem Konto – mein Gott, wie komme ich da raus?« Das war's dann natürlich mit dem Zählen.

Wenn Sie merken, dass Sie beim Zählen an etwas anderes denken und nicht mehr wissen, bei welcher Zahl Sie sind, dürfen sie wieder von vorn beginnen. Das ist keine Strafe! Seien Sie stolz darauf, so schnell bemerkt zu haben, dass *es* Sie dachte.

Mann kann also merken, wenn *es* einen denkt! Denn dann kann man wieder *selbst bestimmen*, was man denken will. »Ich bin jetzt der Boss – hier wird nicht gedacht, hier denke ich! Ich bin eigen-mächtig!«

Die Übung eignet sich übrigens auch für kleine Pausen, in denen Sie sich kurz entspannen wollen!

Die Schulung des eigenen Konzentrationsvermögens wird nicht ausreichen, um *Quatschi* mundtot zu machen. Aber als Einschlafübung kann es funktionieren. Ein Freund von mir zählt sich nicht in den Schlaf, sondern macht eine Phantasiereise durch seinen Körper. Dabei bedankt er sich bei jedem seiner Organe: »Danke Herz, danke Niere …« Er bezeichnet diese Konzentrationsübung als sein Abendgebet für seine stillen Mitarbeiter und ihre lebensnotwendige Arbeit. Ich schlage Ihnen folgende Variante vor: Nehmen Sie sich vor, im Bett nur an das zu denken, was Sie schon haben – und wenn es nur Ihre Gesundheit ist. Denn mangelorientiertes Grübeln schlägt aufs Gemüt und führt zu Schlafstörungen.

Sie sehen: Man kann sich gegen den *Quatschi* erfolgreich zur Wehr setzen, auch wenn wir ihn auf Dauer nicht ausschalten können. Abgesehen von den bereits genannten Übungen gibt es aber noch weitere Möglichkeiten, die eigene mentale Stabilität zu verbessern. Im Hinblick auf die automatischen Störgedanken und Grübeleien kann dies mit Hilfe der beiden folgenden Übungen gelingen.

Übungen

Umgang mit automatischen Störgedanken

Nach einem arbeitsreichen Tag gehen Sie spät abends auf dem Heimweg an einem Schaufenster vorbei und sehen ihr Spiegelbild. Sofort meldet sich Quatschi: »Mensch, wie du schon wieder gehst! Völlig in dich zusammengefallen.« Sie bleiben stehen: »Ja, diese schlaffe Haltung, das gekrümmte Rückgrat – die Firma schafft mich ...« Und schon geht's bergab mit der Stimmung. Mein Vorschlag: Begrüßen Sie Quatschi, wann immer er sich mit seiner Kritik meldet. »Hallo Quatschi, alter Kumpel!« Sie gehen einfach weiter und ersetzen seinen Beitrag durch einen positiv formulierten Satz, der ein Ziel, eine Richtung angibt, zum Beispiel: »Und ich gehe nach Rom, und ich gebe mein Bestes!« Damit erschaffen Sie eine Idee, die Sie aufbaut.
Und wenn Sie Quatschi auf Ihrem Sterbebett sagen hören: »Das war wohl nichts, dein Leben«, dann lassen Sie ihm einfach seine Nörgelei. Denn Sie wissen, dass Sie Ihr Leben alles in allem so gelebt haben, wie Sie es wirklich wollten – auch wenn es oftmals nur eine Wahl zwischen zwei Übeln war.

Der Zeuge seiner Jammerlieder sein

Schreiben Sie Ihre Klagelieder auf! Ihre liebsten Jammersätze, sozusagen Ihre Top Five, zum Beispiel:

1. Die da oben spinnen!
2. Ich bin faul!
3. Das Leben ist ungerecht!
4. Das gibt's doch nicht!
5. So eine Unverschämtheit!

Möglicherweise kennen Sie mehr als fünf solcher Beschwerden. Bringen Sie es auf zehn? Notieren Sie, was Sie zu allen möglichen Gelegenheiten kritisch-vorwurfsvoll hinzudenken, also Ihre Lieblingsstücke über sich selbst, über andere, über die Firma, über das Leben, über Deutschland usw. Zum Schluss nummerieren Sie die Klagen durch. Und dann können Sie Ihre »Lieblingsschlager« wie Vokabeln auswendig lernen und merken dann schnell, wenn sich Quatschi wieder meldet.

Auf diese Weise werden sie der humorvolle Zeuge Ihrer Jammerautomatik: Ach, kenn ich – Nummer fünf! Sieh da – Nummer sechs, die alte Leier! Na klar – Nummer 2, abgehakt!

Es ist nicht verboten, nein, es macht sogar Spaß, Klagelieder zu singen. Dennoch: Wer geistig-seelischen Umsatz machen möchte, den werden solche Negativ-Gedanken behindern. Marc Aurel, der Philosoph auf dem römischen Kaiserthron, hat diesen Zusammenhang kurz und treffend beschrieben: »Auf Dauer nimmt die Seele die Farbe meiner Gedanken an.« Wer sich stets grummelnd durch den Alltag mosert, boykottiert Freude und Erfolg. Wer sich von *Quatschi*-Gedanken – meist entstanden durch elterliche Dauerkritik und enttäuschte Mienen – dominieren lässt, ist nicht der Boss seines Erlebens und Tuns.

Zeuge der eigenen Denkmechanik zu sein, das schafft die Möglichkeit, aus der negativen Denkmechanik auszusteigen und eine Software zu schaffen, die sich günstig im Hinblick auf freudige Gestimmtheit auswirkt: Aus der Software-Entwicklung erfolgt die Persönlichkeits-Entwicklung.

Nun gibt es Menschen, die sich gern mit *Quatschi* unterhalten – und das ist dann auch in Ordnung, solange sie es wirklich gern tun. Es ist ja auch faszinierend, welche Gedankenläufe und -sprünge sich in freier Assoziation entwickeln. Nur: Wenn Sie merken, dass Sie das Endlosband im Kopf deprimiert, dann sollten Sie sich entschließen, einmal das zu denken, was Sie aufstellt. Das wird Ihnen jedoch nur gelingen, wenn Sie es vorher geübt haben.

Auf Dauer nimmt die Seele die Farbe meiner Gedanken an.

Quatschi kann aber auch, weil er von Grund auf konservativ und sehr auf Sicherheit bedacht ist, die Rolle des Schutzengels übernehmen. Dann vermittelt er Ihnen Informationen aus Ihrem Unterbewusstsein, die Sie ernst nehmen sollten. Wenn Sie zum Beispiel etwas überhaupt nicht wahrhaben wollen, macht Sie Ihre »innere Stimme« besonders nachts darauf aufmerksam.

Mein Rat: Lassen Sie sich auch in solchen Fällen nicht denken, sondern stehen Sie auf, setzen Sie sich an einen Tisch, und schreiben Sie konzentriert und bei klarem Bewusstsein die für Sie unangenehmen Situationen und Fakten auf. Wenn Sie hingegen Ihr Spannungsfeld nicht analysieren und notwendige Entscheidungen oder Konfrontationen vermeiden, wird *Quatschi* wieder zum Quälgeist, und Sie gefährden Ihre körperliche und seelische Gesundheit. Im Kapitel *Selbst-Überwindung* werde ich noch genauer auf das Thema Konfrontation eingehen (siehe Seite 131 f.).

Selbsthypnosen

Einem Klienten, der von sich behauptete, er sei ein großer Angsthase, und sich dies auch immer wieder vorwarf, weil es seiner Karriere abträglich war, habe ich geraten, er solle doch das Gegenteil behaupten, also: »Ich bin mutig.«

Nein, das könne er nicht, antwortete er, das sei gelogen. Ich überzeugte ihn, diese Übung als Experiment zu betrachten: Wer das Wort *ängstlich* denkt, ist es. Wer hingegen diesen Begriff nicht kennt, ist nicht ängstlich. Der spürt höchstens eine unangenehme Empfindung und hat vielleicht feuchte Hände oder weiche Knie. Angst ist also eine Kurzformel für störende und abgelehnte Empfindungen und Gedanken. Die Selbst-Diagnose »Ich habe Angst« verstärkt diese Gefühle noch! Diese Mechanik kann man jedoch auch positiv nutzen: Am Anfang ist das Wort – und das denkt man selbst. Wie bereits gesagt: Eine häufig wiederholte Idee materialisiert sich auf der Verhaltensebene. Schon Laotse sagte: »Du hast Gedanken, aber du bist nicht dein Gedanke.« Wer also meint, er sei ein Esel, wird sich wie ein Esel verhalten. Und wer denkt »Ich bin mutig«, wird bald mutiger werden.

Ein Vorgesetzter, der möchte, dass sein Mitarbeiter unternehmerisch denkt und risikofreudiger wird, wird dies nicht erreichen, indem er zu ihm sagt: »Sie sind immer so übervorsichtig.« Was nur verleitet den Chef zu der Annahme, sein Mitarbeiter würde innovativer und aktiver, wenn er ihm einredet, dass er übervorsichtig sei? Vielleicht hofft er ja auf eine Trotzreaktion. Ausnahmen bestätigen die Regel. Aber aller Erfahrung nach verhält es sich doch umgekehrt: Wenn man jemanden fortgesetzt als misstrauisch, ungeduldig, introvertiert oder träge bezeichnet, dann reagiert er auch dementsprechend. Sein Unterbewusstsein begreift diese Behauptungen als Befehl. Das Unterbewusstsein ist ein Befehlsempfänger. Wenn man immerzu sagt: »Du bist übervorsichtig«, reagiert das Unterbewusstsein: »Aye, aye Sir – ich bin jetzt ängstlich« und zieht das dann durch. »Ich bin ängstlich« kommt demnach einer Aufforderung gleich: »Sei ängstlich.« Solche Aussagen sind hypnotische Aufträge! Wir sollten diese Gewinn bringende Erkenntnis stets im Hinterkopf behalten, wenn wir mit Mitarbeitern, aber auch wenn wir mit Kindern zu tun haben!

Wenn wir glauben, negative Eigenschaften zu besitzen, sollten wir sie nicht auch noch durch Selbsthypnose verstärken.

Natürlich gibt es Menschen, die vegetativ sensibel sind und leicht erschrecken. Sie sollten diese Anlage aber nicht noch durch Selbstsuggestion verstärken. Auch jemand, der nicht sprachbegabt ist, kann Spanisch lernen. Und jemand, der ungeschickt ist, kann trotzdem etwas reparieren. Es dauert eben ein wenig länger. Er muss es nur tun.

Diese Selbsthypnosen verschaffen uns ein Alibi – wir können uns dumm stellen, es wird nichts anderes von uns erwartet. Der Vater eines meiner Klienten hatte immer behauptet, mein Klient sei ungeschickt und habe zwei linke Hände. Er erzählte mir, dass er als Kind richtig froh gewesen sei, eine verlässliche Einschätzung seiner selbst erhalten zu haben. Außerdem sei es natürlich ganz angenehm gewesen, dass in praktischen Dingen nie etwas von ihm erwartet wurde – zu handwerklichen Arbeiten wurden immer die anderen herangezogen. Diese bequeme Rolle konnte er noch bis ins hohe Alter spielen.

Denn angesichts des angenommenen Defizits hatte seine Frau ihre handwerklichen Fertigkeiten stark entwickelt. Das kommt häufig vor, dass sich einer auf Grund eines Defizits, das der andere offenbart, entwickelt. Während seine Frau also Bilder und Gardinen aufhängte, hielt er die Leiter – er spielte den, wie der Italiener sagt: *mano vale*, den Hilfsarbeiter. Zu

Weihnachten hat er ihr dann einen ledernen Handwerkergürtel geschenkt. Sie war sehr gerührt, dass er für sie einen Baumarkt aufgesucht hatte, um das praktische Teil zu erwerben. Jetzt schnallt sie sich immer den Gürtel um – mit Schraubenzieher, Zangen, Hammer und anderem mehr. Endlich muss er nicht mehr nach dem Werkzeug laufen, er muss nur noch die Leiter halten, damit seine Frau in schwindelnder Höhe ihre Arbeit verrichten kann. Weil er es nicht kann und erwiesenermaßen zu blöd dafür ist. Das ist das »Blödenspiel«, ein Spiel, das übrigens auch im beruflichen Bereich oft und gern gespielt wird; besonders, wenn man »so geschickte« Kollegen hat.

Wäre es nicht ein fantastisches Gefühl, wenn wir merkten, dass unsere Selbsteinschätzung in vielen Fällen überhaupt nicht unseren tatsächlichen Fähigkeiten entspricht? Ich bin mir ziemlich sicher, dass viele der Selbstdiagnosen – ich bin nicht sportlich, ich bin introvertiert, ich bin faul, ich kann nicht vor Leuten reden – zu einer sich selbst erfüllenden Prophezeiung werden und damit unsere Selbst-Entwicklung blockieren.

Man wird zu dem, was man denkt.

Selbsthypnosen zu überwinden kann man lernen. Man muss sich ihrer jedoch erst einmal bewusst werden. Solange man sich vermeintliche Schwächen selbst einredet und an sie glaubt, hat man keinen Grund, sie zu überwinden! Einer berufstätigen Frau, die sich »in die Ecke gedrängt« fühlte und sich Antriebslosigkeit vorwarf, habe ich geraten, sich sportlich zu betätigen – übrigens ein vorzügliches Mittel, wenn wir uns ohnmächtig fühlen.

»Sie sollten joggen«, schlug ich ihr vor.

»Das kann ich nicht. Ich bin nicht sportlich«, erwiderte sie.

Dabei muss man gar nicht sportlich sein, um zu joggen.

Joggen ist doch ganz einfach: Man setzt einen Fuß vor den anderen, nur etwas schneller als beim Gehen – das erfordert nun wirklich keine sportliche Begabung!

Es ist wirklich tragisch, wie wir uns in unseren Möglichkeiten einengen, nur weil wir unseren selbsthypnotischen Beurteilungen Glauben schenken. Prüfen Sie selbst, wie Sie sich »automatisch« behindern!

Übung

Selbsthypnosen überwinden

Definieren Sie eine Ihrer angeblichen »Minus-Eigenschaften«, und behaupten Sie einfach frech das genaue Gegenteil. Statt zu seufzen:»Ich bin träge«, rufen Sie frisch: »Ich bin aktiv«; statt zu zögern: »Ich bin ängstlich«, stellen Sie fest: »Ich bin mutig«; statt zu drängen: »Ich bin ungeduldig«, nehmen Sie sich zurück: »Ich bin geduldig«; statt aufzubrausen: »Ich habe Recht«, bescheiden Sie sich: »Ich respektiere deine Meinung«.

Diese Eigenschaft, von der Sie überzeugt sind, dass Sie sie nicht haben, können Sie sich aneignen, indem Sie möglichst häufig am Tag denken: Ich bin mutig! Machen Sie das einige Monate lang, und koppeln Sie diese Aussage an eine häufig auftretende Verhaltensweise.

Wenn Sie zum Beispiel Ihr Auto auf- und abschließen, denken Sie jedes Mal: Ich bin mutig! Schon nach wenigen Wochen werden Sie die ersten Erfolge verbuchen können. Und es kostet Sie immer weniger Anstrengung, mutig zu sein. Da haben Sie anfangs immer nur »mutig« gedacht, und allmählich werden Sie tatsächlich mutiger.

Das hat übrigens nichts mit »positivem Denken« zu tun. Sie haben nur Ihre Software umgeschrieben: Denn am Anfang ist das Wort, die Idee. Ihre Gedanken erzeugen Ihr Verhalten. Und wie das funktioniert! Sie können es erleben, denn Sie wissen: Wiederholte Einsichten materialisieren sich auf der Verhaltensebene. Mit dieser positiven Behauptung können Sie Ihre Potenziale bis an die Grenzen des Ihnen tatsächlich Möglichen entwickeln – ein Weg, den der SELBST-ENTWICKLER selbstverständlich beschreitet!

Selbstbegrenzungen

Ich möchte Sie nun bitten, ein weiteres kleines Experiment mit mir zu machen und eine bekannte und interessante Denksportaufgabe mit zwei Aufgabenstellungen zu lösen, die zum Standard-Repertoire meiner Seminare gehört. Die Anweisungen lauten:

Erstens: Achten Sie bitte darauf, wie Sie mit der an Sie gestellten Anforderung umgehen. Es geht darum, sich selbst zu beobachten. Vergegenwärtigen Sie sich also Ihre *Quatschi*-Beiträge und Ihr Verhalten, aber nicht nur, wenn Sie die Aufgabe lesen, sondern auch während Sie mit der Lösung beschäftigt sind. Die Spielregel lautet: Jeder für sich allein! Wenn Sie die Aufgabe dennoch mit Dritten diskutieren möchten, also »spicken« wollen, dann können Sie das gern tun – Sie müssen sich nur dabei beobachten, das heißt, wahrnehmen, dass Sie die Spielregel nicht einhalten. Nur wer weiß, dass er Regeln nicht befolgt, kann sich entschließen, sie einzuhalten.

Zweitens: Finden Sie eine Lösung für das folgende Problem:

Denksportaufgabe

Nehmen Sie einen Bleistift zur Hand, und verbinden Sie die neun Kreise mit Hilfe von vier Geraden, die Sie zeichnen, ohne den Stift abzusetzen! Versuchen Sie, die Aufgabe im Try-and-Error-Verfahren zu lösen und nicht durch logische

Gedankenoperationen. Selbstverständlich erfordert die Lösung dieser Aufgabe etwas Intelligenz. Sie haben zwei Minuten Zeit. Beginnen Sie jetzt!

...

Stop – die Zeit ist um! Bringen Sie jetzt die Disziplin auf, nicht mehr an die Lösung der Aufgabe zu denken. Damit Sie auf andere Gedanken kommen, will ich Ihnen erst einmal etwas über den ersten Teil dieses Denkspiels erzählen.

Wer aufgefordert wird, eine Denksportaufgabe zu lösen, denkt vielleicht sofort: »Oh, oh – das hört sich nicht gut an. Es könnte sich zeigen, dass ich doch nicht so intelligent bin, wie ich mir einbilde.« Er fühlt sich gehemmt und verringert so seine Chance, die Lösung zu finden. Oder er wählt den Weg, sich erst einmal ein Alibi zu verschaffen, indem er die Herausforderung boykottiert: Das geht ja gar nicht! So ein Schmarrn! So ein blöder Psycho-Test!

Dieses Ausweichverhalten lässt sich natürlich auch auf andere Gelegenheiten übertragen: Wer mit einer beruflichen Zielvorgabe konfrontiert wird, wendet automatisch ein: »Das ist nicht zu schaffen.« – »Wofür soll das gut sein?« In diesen inneren Zwischenrufen zeigt sich natürlich – Sie haben es erkannt – die Angst, zu versagen und sich zu blamieren.

> *Wer Angst davor hat, seine Leistungsfähigkeit zu beweisen, neigt dazu, sich der Prüfung zu verweigern.*

Ich kenne jemanden, der seit acht Jahren regelmäßig Tennis-Trainerstunden nimmt und mittlerweile richtig gut spielt. Eines Tages fragte ich ihn, ob er nicht einmal, statt nur Bälle zu schlagen, um Punkte spielen wolle. Zu meiner Überraschung lehnte er mit der Begründung ab, er sei nicht so ehrgeizig und wolle nur seinen Spaß haben. Angesichts seines verbissenen Einsatzes im Training kam mir seine Begründung seltsam vor. Warum trat er nicht gegen mich an? Er spielte wirklich gutes Tennis. Meine Hypothese lautet: Viele Menschen in unserem auf Leistung bedachten System wollen sich nicht messen lassen – auch weil man in Deutschland schnell in den Ruf kommt, ein »Versager« zu sein, wenn man einen Fehler macht oder verliert. Einer meiner Tennispartner ist nach einer Niederlage jedes Mal drei Tage lang völlig geknickt und fühlt sich als »Flasche«, als Versager. Dabei hat er nur so einen lausigen Filzball weniger oft übers Netz geschlagen als sein Gegner. Statt sich selbst niederzumachen, wäre es günstiger für ihn, sein Tennis-Spiel zu analysieren und zu verbessern. Es wäre besser, er würde sich mit klopfendem Herzen der Herausforderung eines Tennisturniers stellen, das nichts weiter ist als eine Trainingseinheit, in dem er sein Verhalten im Hinblick auf sein Ziel kontinuierlich verbessern kann. Das ist der Weg zum Sieg über sich selbst – und das ist das Credo des SELBST-ENTWICKLERS.

Glaubenssätze und irrationale Muss-Annahmen

Und so sieht die Lösung unserer Denksportaufgabe aus:

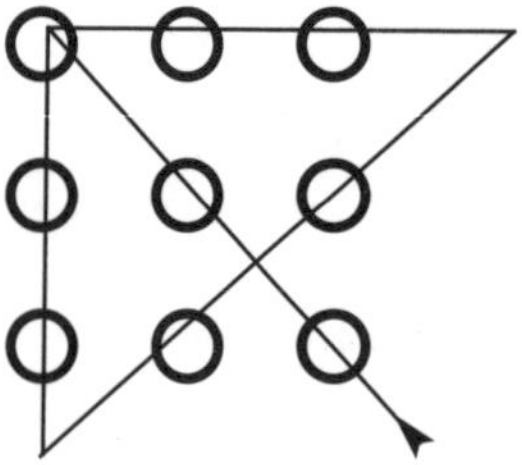

Als ich sie den Teilnehmern meines Seminars vorstellte, warf mir einer von ihnen vor:

»Sie sind Schuld, dass ich nicht auf die Lösung gekommen bin.«

»Warum?«, fragte ich.

»Weil Sie nicht vorher gesagt haben, dass man den Rahmen verlassen darf.«

Dieser Opferspieler hatte sich den Weg zur Lösung der Aufgabe mit einer so genannten *irrationalen Muss-Annahme* (»Ich muss im Rahmen bleiben!«) verbaut. Wir alle haben solche Glaubenssätze, die unsere Freude mindern, unsere Potenziale begrenzen und das Erreichen von Zielen erschweren.

Ethnologen haben diesen Zwang zur Selbst-Anpassung in allen möglichen Kulturen nachgewiesen. Auch auf Feuerland und auf Neu-Guinea glauben die Menschen, es sei in jedem Fall von Vorteil, wenn sie in einem vorgegebenen Rahmen, wie auch immer er definiert ist, bleiben. Das hat möglicherweise etwas mit Sicherheitsdenken zu tun, mit einem speziellen Arterhaltungs-Mechanismus: nur nicht aus der Reihe tanzen, nur keine Experimente!

> *Ich bleibe im Rahmen. Das heißt: Ich begrenze meine Intuition und meine Kreativität!*

Je verunsicherter sich ein Mensch fühlt, desto eher bleibt er im Rahmen – dieser Befund ist eindeutig. So mussten sich einmal die Probanden einer Untersuchung zwei Mathematiktests unterziehen. Vor dem ersten Test wurden die Teilnehmer stark verunsichert, vor dem zweiten Test hingegen baute man sie psychologisch auf. Im zweiten Test wurden bei gleichem Schwierigkeitsgrad der Aufgaben signifikant bessere Ergebnisse erzielt.

Ein weiteres Beispiel ist jenes Experiment, bei dem drei Linien – A, B und C – nebeneinander auf eine Tafel gezeichnet werden: B ist länger als A und C. Die Frage an die Probanden lautet diesmal: Welche der drei Linien ist die längste? Jeder der ersten zehn zuvor entsprechend instruierten Prüflinge behauptet, C sei die längste Linie. Der nicht eingeweihte elfte Testteilnehmer sieht sofort, dass B eindeutig länger ist als

C. Was wird er wohl antworten? Natürlich C – denn die Angst, sich anders als die Mehrheit zu äußern und dadurch Gefahr zu laufen, aus der Gruppe ausgeschlossen zu werden, lässt sein richtiges Urteil dahinschmelzen.

Diese einfachen Experimente zeigen, wie schwer es ist, Beeinflussungen zu entgehen und geläufige Denkmuster zu durchbrechen – und wie Verunsicherung das Wahrnehmungsvermögen trübt und die Urteilsfindung boykottiert. Das ist besonders hinderlich, wenn sich ein Unternehmen die Methode des Change-Management auf die Fahnen geschrieben hat. Eine Kultur der Veränderung funktioniert nicht, solange die Träger dieser Kultur an alten Denk- und Verhaltensstrukturen festhalten und sich damit selbst blockieren. Change-Management ist nur dann erfolgreich, wenn die Mitarbeiter selbstbewusst sind und Try-and-Error-Strategien anwenden dürfen – Fehler also nicht bestraft, sondern als Lernmöglichkeit genutzt werden.

Kommen wir zum Kern und damit zur Lösung vieler Probleme; ich habe es in anderen Zusammenhängen sinngemäß schon mehrfach gesagt: Es ist eine irrationale Muss-Annahme, zu glauben, dass ein anderer zum Beispiel fair zu mir sein *muss*, wenn ich ihm gegenüber fair bin. Wie kommen wir darauf, dass das so sein *muss*? Eine solche Auffassung ist pure Rechthaberei. Der Glaubenssatz »Wenn ich anständig bin, *muss* der andere es auch sein« stimmt nicht. Es *kann* so sein – *muss* aber nicht. Wenn ich nach Hamburg fliege, ist es eine irrationale Muss-Annahme, zu glauben, dass das Flugzeug auch tatsächlich dort landet, nur weil auf meinem Ticket Hamburg steht.

Die Erklärung, weshalb wir immer wieder solchen irrationalen Muss-Annahmen aufsitzen, liegt auf Hand: Je ohnmächtiger und verunsicherter wir uns fühlen, desto mehr neigen wir dazu, aus erlebten Wiederholungen Gesetzmäßigkeiten abzuleiten, unumstößliche Gesetze daraus zu machen: Das Flugzeug landete tausend Mal in Hamburg, also *muss* es auch diesmal dort landen.

Wir neigen dazu, aus Wiederholungen Gesetze zu machen.

Wir sind aufgebracht, wenn andere unsere Glaubenssätze, unsere Muss-Annahmen nicht erfüllen. Es rechnet sich deshalb, die eigenen Definitionen von Beruf, Karriere, Status usw. festzuhalten und aufzuschreiben. Welchen Stellenwert hat der Beruf in meinem Denken? Was bedeutet mir meine Karriere? Was verstehe ich unter Status? Schreiben Sie das alles auf.

Sie müssen nur Ihre Definitionen erkennen, und schon haben Sie die möglichen Ursachen für Ärger, Enttäuschungen und Depressionen beim Namen genannt. Wir sind immer dann enttäuscht, wenn das, was wir erwarten, nicht eintritt. Dabei ist es ein erhebender Moment, enttäuscht zu werden! Nein? Doch! Denn wer enttäuscht wird, hat eine Täuschung weniger, die ihm den Weg zu seinem Ziel verstellt: »Vielen Dank Chef, dass sie mich *ent-täuscht* haben. Ich habe dummerweise gedacht, dass Sie genau registrieren, was ich hier leiste. Aber da habe ich Sie wohl überschätzt. Vielen Dank, dass sie mich durch Ihr Verhalten von dieser Täuschung befreit haben. Hätte ich sie weiterhin aufrechterhalten, wäre ich nie auf die Idee gekommen, mich künftig selbst zu motivieren. Also, vielen Dank noch mal, dass Sie mir die Täuschung genommen haben.«

Psychologen haben vor gut 20 Jahren mit einem Experiment aufgezeigt, wie sehr Menschen an ihren Überzeugungen hängen – und welche Folgen das haben kann (der Erfolgsautor Spencer Johnson hat die daraus gewonnenen Erkenntnisse jüngst in eine amüsante Geschichte verpackt und damit die internationalen Bestseller-Listen erobert):

Laborversuch

Käse in Box sieben

Für das Experiment wurden zwei gleichartige Versuchsanlagen aufgebaut: in einer agierten Menschen, in der anderen Mäuse. Beide Anlagen bestanden aus einem Labyrinth mit mehreren durchnummerierten Boxen. In die siebte Box wurde ein Stück Käse gelegt. Zweck der Übung war, zu ermitteln, wer den Käse schneller finden würde: die Mäuse oder die Menschen. Anfangs waren die Menschen durchweg schneller. Mit der Zeit entwickelten Menschen und Mäuse ein konstantes, vorhersagbares Verhalten beim Auffinden des Käsestücks. Da nahm man den Käse aus Box Nummer sieben und legte ihn in Box Nummer elf. Und siehe da: Nun entdeckten die Mäuse die neue Käsebox schneller als die menschliche Konkurrenz!

Wie kam es zu diesem Ergebnis? Die Mäuse waren anpassungsfähiger und zeigten all das, was man heute braucht: unternehmerisches Denken, die Bereitschaft, von alten Lösungen loszulassen, die Fähigkeit zur Innovation. Sie verließen die eingefahrenen Gleise, und die Menschen konnten ihnen nicht folgen, weil sie an ihren alten Überzeugungen festhielten.

Die unterschiedlichsten Glaubenssätze oder Muss-Annahmen waren dafür verantwortlich, dass die Menschen immer noch in Box Nummer sieben nach Käse suchten, obwohl er offensichtlich nicht mehr da war. Die Psychologen berichteten, dass viele Versuchsteilnehmer die Enttäuschung darüber, dass kein Käse mehr da war, als eine neue Form von »Käse« erlebten.

Am Anfang hatten die Menschen Box Nummer sieben aufgesucht, weil sie dort Käse vorfanden. Aber auf einmal war er nicht mehr da, und die Enttäuschung darüber wirkte wie ein Verstärker. Das heißt: Viele Probanden betraten immer wieder Box Nummer sieben, weil sie das Gefühl der Enttäuschung, der Trauer und der Wut bereits kannten und diese Gefühle wohl immer wieder »genießen« wollten. Dabei kamen ihnen jedes Mal bedrückende Gedanken: »Das Leben geht an mir vorbei.« – »Ich bin so ein Pechvogel.« – »Das darf doch nicht wahr sein.« – »Das ist gemein.« Sie hatten sich derart an diese Mischung aus Trauer und Enttäuschung gewöhnt, dass ihre Identität ohne diese bedrückenden Gedanken einen Knacks bekommen hätte. Recht haben schmeckt ja so gut!

Negative Erwartungen sind – leider – ein Teil unserer Identität.

Für die Psychologen war besonders interessant, zu beobachten, wie die verschiedenen Herangehensweisen, bedingt durch die unterschiedliche »Software« der Teilnehmer, letztlich doch immer zum gleichen »unsinnigen« Verhalten führte: Einige suchten Box Nummer sieben auf, weil sie davon überzeugt waren, dass es dort irgendwann wieder Käse geben würde. Eine typische irrationale Muss-Annahme: Wo einmal Käse war, muss irgendwann wieder Käse sein.

Die Mäuse hielten sich an das, was ist – die Menschen hingegen orientierten sich meist an ihren Vorstellungen, was ihnen den Blick auf die gegebene Realität verstellte. Zuweilen kann das paranoide Züge annehmen. Entsprechend bat ich die Teilnehmer eines meiner Seminare, noch weitere mögliche Gedanken-Beiträge zu nennen, mit deren Hilfe die menschlichen »Käse-Detektive« die für sie enttäuschende Situation zu bewältigen versuchten:

- »Eine Unverschämtheit! Das darf doch nicht wahr sein! Das lass ich mir nicht gefallen. Bin gespannt, was hier noch alles passiert!«
- »Die da oben wollen mich fertig machen. Das ist Mobbing in Reinkultur. Aber die werden sich wundern, ich gebe nicht auf und werde immer wieder dorthin gehen!«

- »Gut, ich gebe zu, ich habe im Labyrinth Fehler gemacht. Deshalb
- hat man mir den Käse weggenommen. Jetzt reiß ich mich aber zusammen. Dann wird alles so, wie es einmal war!«
- »Wir machen in Box sieben einen Stammtisch auf. Da schwärmen wir von den alten Zeiten. Auch wenn es keinen Käse mehr geben sollte, so träumen wir wenigstens davon!«
- »Ich bin Teilnehmer eines Assessment-Trainings. Man prüft mich auf meine Stressresistenz und Frustrationstoleranz. Deshalb gebe ich nicht auf. Ich werde gewinnen, auch wenn ich das monatelang aushalten muss.«
- »Die Suche nach Käse ist in meiner Vorstellung noch schlimmer als die Tatsache, dass kein Käse mehr da ist.«

Wollen Sie Recht haben, oder wollen Sie erfolgreich sein? Die meisten Menschen wollen lieber Recht haben. Die Mäuse hingegen machen Gewinn im Labyrinth. Rechthaberei vermindert den geistig-seelischen Umsatz und damit auch den materiellen Gewinn. Viele Unternehmen und Einzelpersonen sind gescheitert – weil sie unbedingt Recht haben wollten im Hinblick auf die Betriebsorganisation, die Produktpalette, die Kundenbeziehungen, die Personalführung usw. Oder weil sie nicht bereit waren, Ihre Definition von Ehe, Freundschaft, Sinn des Lebens, Beruf, Erfolg usw. zu ändern.

Viele scheitern, weil sie unbedingt Recht haben wollen, statt Umsatz und Gewinn zu machen.

Je sicherer ein Mensch ist, je *eigen-mächtiger* er sich fühlt, desto eher kann er von teuren Überzeugungen loslassen. Es ist erwiesen, dass Menschen, die sich nicht bedroht fühlen und über Eigen-Macht verfügen, schneller von ihren Überzeugungen abrücken können als verunsicherte Menschen. Diese orientieren sich automatisch an ihren Überzeugungen –

Vorurteile sind sozusagen Haltegriffe der Seele – und handeln nach dem Motto: Lieber bekanntes Leid als unbekanntes Glück. Die folgende Geschichte zeigt sehr schön, wie das funktioniert (wie man dieser Falle entkommt, werde ich im Kapitel *Selbst-Überwindung* zeigen, siehe Seite 131 f.).

Hier also die Geschichte: Ein Mann sitzt im Gefängnis. Wenn er Spaß haben will, läuft er mit dem Kopf voran gegen die Wand und genießt anschließend das Nachlassen des Schmerzes. Eines Tages dreht er sich unvermittelt um und bemerkt, dass die Gefängnistore offen stehen. Er erkennt, dass er all die Jahre jederzeit hätte hinausgehen können. Aber er war immer so mit seinem Leid beschäftigt gewesen.

Doch nun verlässt er sein Gefängnis. Er ist frei, kann sich überall hinwenden – nach Süden, nach Norden, nach Westen, nach Osten.

Er sieht einige lachend nach Norden ziehen. Das scheint viel versprechend zu sein, also folgt er ihnen. Nach einiger Zeit wird es unangenehm kühl. Er denkt, der Norden ist vielleicht doch nichts für mich.

Versuchen wir's mal im Westen. Er wendet sich nach Westen, aber dort ist rein gar nichts los. Er sieht keinen Menschen. Das kann es auch nicht sein. Alles erscheint ihm so ungewohnt. Und überhaupt … was soll er hier? Da geht er zurück in sein Gefängnis, nimmt Anlauf, rennt gegen die Wand und – aaahhh – genießt es, wie der Schmerz nachlässt. Irgendwie ist ihm diese Situation zu seinem vertrauten Zuhause geworden.

Gewohntes Leid ist das – vermeintlich – geringere Übel. In diesem Sinne ist der Gefangene ein berechnender Zeitgenosse, ein Preisvergleicher. Und damit sind wir bei einer wichtigen Tugend des SELBST-ENTWICKLERs auf dem Weg zur größerer Selbst-Bewusstheit angelangt: Er fragt nach dem Preis, den er für sein Denken bezahlen muss.

Was kostet mich mein Denken?

Ein Manager klagte in meiner Gegenwart: »Jetzt muss ich auch noch zu diesem blöden Spanischkurs.«

»Ach«, entgegnete ich, »ich wusste gar nicht, dass Spanisch blöd ist.«

»Na ja, ich finde es deshalb blöd, weil es mir keinen Spaß macht – außerdem bin ich nicht sprachbegabt.«

Er macht sich sauer, findet Spanisch blöd und bezeichnet sich als nicht sprachbegabt – das sind gedankliche Beiträge, die im Hinblick auf das Erreichen seiner Ziele ungünstig sind.

So wie er denkt, wird das Spanischlernen sehr anstrengend werden. Zusätzlich belastet er sich mit der Vorstellung »Ich muss es lernen«. Aber keiner zwingt ihn dazu, niemand hat ihm eine Sonde eingesetzt und steuert ihn aus der Ferne wie ein Modellflugzeug. Nein, er *will* Spanisch lernen, weil er in die Filiale nach Buenos Aires wechseln möchte. Daraus folgt: Wenn er sein Vorhaben, eine Fremdsprache zu lernen, derart beurteilt, wird ihm alles sehr schwer fallen. Er braucht länger, hat dabei schlechte Laune, kann sich schlecht konzentrieren usw. Vielleicht gibt er sogar auf. Dann wäre alles umsonst gewesen. Und das wäre sehr kostspielig!

Wenn Sie sich über Ihre Ziele im Klaren sind, sollten Sie in einer ruhigen Stunde einmal prüfen, ob Ihre gesammelten Eigendiagnosen günstig für das Erreichen Ihrer Ziele sind.

Setzen Sie ein Minuszeichen hinter die Eigenschaften, die Ihnen an sich nicht gefallen, und ein Pluszeichen hinter die, die sie positiv beurteilen. Auf diese Weise ermitteln Sie, ob sie eher dazu neigen, sich durch Ihr Denken selbst im Weg zu stehen, oder ob Sie die Möglichkeit haben, sich selbst aufzubauen.

Wenn Sie nun das Verhältnis von Plus- und Minuszeichen betrachten, so werden Sie sich selbst besser verstehen. Die

Frage, ob Sie eine persönliche Eigenschaft positiv oder negativ bewerten, ist im Einzelfall nicht eindeutig zu beantworten und hängt stets von Ihren eigenen Präferenzen ab. Ein Schotte setzt hinter die Aussage »Ich bin geizig« vielleicht ein Plus …

Wenn Sie sehr perfektionistische Eltern hatten, dann ist es eher möglich, dass Sie sich kritisch und negativ betrachten. Waren Sie hingegen ihr ganzer Stolz, dann ist es wahrscheinlich, dass Sie sich wertvoller einschätzen. Es kommt darauf an, dass Sie sich bewusst machen, ob das, was Sie über sich denken, günstig für Ihre Ziele und eine freudige Gestimmtheit ist. So können Sie ausrechnen, ob es sich für Sie auszahlt, so über sich zu denken, wie Sie es momentan tun – oder ob es möglicherweise nicht doch zu teuer ist! In diesem Punkt ähneln die Prinzipien der Psychologie denen der Ökonomie.

Das Wichtigste in Kürze

- Selbst-Bewusstheit heißt, das eigene Denken und Handeln zu beobachten. Sich seiner selbst bewusst zu sein, ist die beste Voraussetzung für eine Veränderung des eigenen Denkens und Handelns.
- Der erste Schritt zur Selbst-Bewusstheit ist die Selbstbesinnung, das Erkennen und Bewusstmachen der eigenen Definitionen:
  1. Wie denke ich über mich? (Nicht aber: Wer bin ich?)
  2. Welche Erwartungen habe ich an andere Menschen?
  3. Welche Vorstellungen habe ich von Dingen, die mir wichtig sind?
  4. Welche Wünsche, Ziele und Bedürfnisse habe ich?
  5. Was ist der Sinn, was sind die Werte meines Lebens?
  6. Was hindert mich am Erreichen meiner Ziele?
- Grundlegend für die Verbesserung der persönlichen Gestimmtheit ist das Bewusstsein, dass man konsonant mit den eigenen Werten und Bedürfnissen lebt.
- Selbst-Bewusstheit vermittelt Eigen-Macht und verbessert auf diese Weise die mentale Stabilität – die durch folgende Faktoren beeinträchtigt wird:
  1. automatische Störgedanken und Grübeleien
  2. Selbsthypnosen
  3. Selbstbegrenzungen
  4. Glaubenssätze bzw. irrationale Muss-Annahmen
- Automatische Störgedanken und Grübeleien beeinträchtigen unsere Konzentration auf die Gegenwart und verhindern auf diese Weise, dass wir unsere Potenziale nutzen. Und sie färben uns grau: Denn auf Dauer nimmt unsere Seele die Farbe unserer Gedanken an.
- Negative Selbsthypnosen verstärken ungünstige Eigenschaften, die wir besitzen oder zu besitzen glauben: Man wird zu dem, was man denkt

- Selbstbegrenzungen sind oft das Ergebnis negativer Erfahrungen und Ängste (zu verlieren, zu versagen, nicht geliebt und anerkannt zu werden usw.). Sie verhindern, dass wir uns überwinden und damit eventuell vorhandene Traumata abbauen.
- Glaubenssätze bzw. irrationale Muss-Annahmen über sich selbst, über die anderen und über das Leben wecken Erwartungen, die zwangsläufig enttäuscht werden. Je mehr Muss-Annahmen wir anhäufen, desto öfter werden wir enttäuscht. Überzeugungen fördern Rechthaberei, nicht jedoch den geistig-seelischen Umsatz. Viele Menschen wollen lieber Recht haben statt erfolgreich sein.
- *Übung: Verbessserung der Konzentrationsfähigkeit*
  Zählen Sie in Gedanken nach folgendem Schema in Dreier-Schritten von 99 bis 0: beim Ausatmen 99, 98, 97; dann beim Einatmen die letzte Zahl wiederholen, also 97; nun wieder ausatmen: 96, 95, 94, einatmen: 94, ausatmen: 93, 92, 91 … Beginnen Sie von vorn, sobald Sie bemerken, dass Sie vom Zählen abkommen und an etwas anderes denken.
- *Übung: Umgang mit automatischen Störgedanken*
  Wenn ungebetene, negative Gedanken auftauchen, die ihre Konzentration beeinträchtigen (Quatschi-Beiträge), dann begrüßen Sie Ihren Quatschi und setzen ungerührt Ihr bisheriges Tun mit dem selbst bestimmten Gedanken fort: »Ich mache weiter – auf mein Ziel hin! Und ich gebe mein Bestes!«
- *Übung: Der Zeuge seiner Jammerlieder sein*
  Schreiben Sie die Top Five ihrer liebsten, das heißt am häufigsten von Ihnen bemühten Klagelieder auf, zum Beispiel: »Das gibt's doch nicht!« – »So eine Unverschämtheit!« - »Was sind das nur für Idioten!« – »Ich kann nicht mehr!« usw. Nummerieren Sie die Klagen durch, und lernen Sie die jeweiligen Nummern auswendig. Wenn Sie eines dieser Klagelieder denken, verpassen Sie ihm einfach die entsprechende Nummer. Damit machen sie sich die Störung bewusst und haben die Möglichkeit, an Stelle des automatischen einen selbst bestimmten Beitrag zu denken, der Sie aufstellt.

Übung: Selbsthypnosen überwinden

Benennen Sie eine so genannte Minus-Eigenschaft (»Ich bin ein Angsthase!«), und behaupten Sie das Gegenteil (»Ich bin mutig!«). Koppeln Sie diese Behauptung an eine häufig auftretende Verhaltensweise, und wiederholen Sie sie bei jeder entsprechenden Gelegenheit – und das einige Monate lang. Entsprechend der Erkenntnis »Am Anfang ist die Idee« werden Sie feststellen, dass diese Aussage sich durch permanente Wiederholung auf der Verhaltensebene materialisiert. Sie werden sich couragierter verhalten. Wussten Sie übrigens, dass nur ängstliche Menschen mutig sein können?!

Selbst-Vertrauen

Wer im Beruf, in der Partnerschaft, im Sport erfolgreich ist, verfügt in der Regel über eine gute Portion Selbst-Vertrauen. Bleibt der Erfolg jedoch aus, schwindet früher oder später auch das Selbstwertgefühl – die Leistungsbereitschaft sinkt ebenso wie die Risikobereitschaft. Es fehlt an Vertrauen auf die eigenen Stärken und Fähigkeiten, die eigenen Möglichkeiten werden nicht mehr ausgeschöpft.

Woran liegt es, dass die Gleichung Misserfolg = mangelndes Selbst-Vertrauen so fest in uns verankert ist? Weil wir unser Selbstwertgefühl oft an den Leistungserfolg koppeln. Nicht umsonst sagt der Volksmund: Kannste was, biste was. Im Falle eines Misserfolges, eines Scheiterns stellen wir folglich uns als Person in Frage, nicht unser Verhalten! Es heißt dann »Ich habe versagt« statt »Mein Verhalten war ungünstig für das Erreichen des Zieles«.

Der erste Schritt, um neues Selbst-Vertrauen zu gewinnen, ist deshalb die Erkenntnis, dass wir die Person von ihrem Verhalten unterscheiden müssen – denn unser Verhalten können wir steuern, unser Wesen nicht.

Fehler sollten also nicht dazu führen, dass wir uns selbst an den Pranger stellen oder unsere Persönlichkeit kontraproduktiver (Selbst-)Kritik aussetzen. Nein, wir müssen uns unser Verhalten bewusst machen, um aus Fehlern lernen zu können. Die beste Voraussetzung hierfür ist die Selbstliebe. Wenn uns schon niemand anderer bedingungslos liebt, dann ist es umso notwendiger, dass wenigstens wir selbst uns lieben – trotz aller Fehler, die wir gemacht haben (und in Zukunft noch machen werden)!

Am Anfang allen Bemühens um ein Mehr an Selbst-Vertrauen steht also die bewusste Entscheidung zur Selbstliebe:

Ich liebe mich ohne Bedingungen, und ich bemühe mich, mein Verhalten auf ein Ziel hin zu verbessern!

> *Selbstliebe ist eine bewusste Entscheidung:*
> *Ich liebe mich ohne Bedingungen, und ich kann mein Verhalten auf ein Ziel hin verbessern!*

Dem entspricht das aus Japan stammende Unternehmensführungskonzept des *Kaizen*, das auf der Idee ständiger Veränderung und Verbesserung beruht und unter der Bezeichnung »kontinuierlicher Verbesserungsprozess (KVP)« Eingang in das westliche Denken und Handeln gefunden hat.

Wichtig für unseren Zusammenhang ist die Tatsache, dass dieses Konzept nicht die Person und ihren Charakter in den Mittelpunkt stellt, sondern ihr Verhalten: *Kaizen* ist die Aufforderung, das eigene Verhalten ständig auf ein Ziel hin zu verbessern!

Ausgehend von dieser Erkenntnis ist nun der Weg frei, um gezielt Selbst-Vertrauen aufzubauen. Hierfür stehen zwei Instrumente zur Verfügung:

- Zunächst heißt es, Disziplin einzuüben, also ein Bewusstsein darüber zu entwickeln, dass wir uns selbst trauen können – unabhängig davon, was unsere Umwelt oder unser Quatschi uns einflüstert. Disziplin ist der bewusste Handlungsteil unseres Selbst-Vertrauens.
- In einem zweiten Schritt stärken wir mit Hilfe der Visionstechnik den unbewussten Teil unseres Selbst-Vertrauens. Wenn das Selbst-Vertrauen im Unterbewusstsein verankert ist, können wir auch in Konflikt- und Stresssituationen unsere Potenziale in vollem Umfang nutzen. Erfolg ist nicht zuletzt eine Funktion von Selbst-Vertrauen – und mit der Visionstechnik programmiert man Mut, Durchhaltevermögen und Kreativität in tiefere seelische Schichten.

Selbstverpflichtungen einhalten

Selbst-Vertrauen bauen wir nach meiner Erfahrung am wirkungsvollsten auf, indem wir uns Dinge vornehmen, die wir dann auch wirklich ausführen. Manager sprechen in diesem Zusammenhang von *Commitments*: Verpflichtungen sich selbst gegenüber. In seinem Buch *Der Aufstand des Individuums* schreibt Reinhard K. Sprenger über deren Bedeutung: »Der Einzelne muss sich, um auch von anderen als Individuum anerkannt zu werden, selbst [eine] klare Zusage geben. Dieser Anspruch zeigt sich im Handeln. Er muss praktisch werden, will er nicht bloß behauptet sein. Im Unternehmen ist dieser Praxistest die Vereinbarungstreue … Wer die Praxis der Vereinbarung in Unternehmen kennt und die Nachteile mangelnder Vereinbarungstreue selbst erfahren hat, weiß um die Bedeutung innerer Selbstverpflichtung.«

Wenn wir es schaffen, unsere Commitments einzuhalten, sind wir aber nicht nur anderen, sondern zunächst vor allem uns selbst ein selbstbewusster und verlässlicher Partner – auch dann, wenn die Welt um uns herum im Chaos versinkt. Dadurch gewinnen wir Unabhängigkeit, Vertrauen und Eigen-Macht.

Vor einigen Jahren habe ich die Einhaltung von Commitments einmal mit einer Referendarin geübt. Sie meinte, sie sei eigentlich besser als die meisten Kolleginnen und Kollegen, doch es fehle ihr das Vertrauen in die eigene Kraft und Leistungsfähigkeit.

Meiner Behauptung, Selbst-Vertrauen könne man üben, begegnete sie anfangs mit Skepsis, doch schließlich ließ sie sich auf ein Verhaltens-Training ein. In Anlehnung an das Wort von Laotse: »Wenn Du jemanden führen willst, hole ihn dort ab, wo er ist«, gab ich ihr eine Aufgabe, die sie schon zu 80 Prozent beherrschte.

Da sie zum Frühstück fast jeden Morgen einen Jogurt verzehrte, schlossen wir einen diesbezüglichen schriftlichen Vertrag: Darin verpflichtete sie sich, 14 Tage lang *jeden* Morgen *vor* acht Uhr einen Jogurt zu essen. Es sei jedoch absolut notwendig, so sagte ich ihr, diese Übung mit einer Disziplin auszuführen, als ginge es um ihr Leben. Und wann immer Sie in Versuchung gerate, diese Vereinbarung mit sich selbst nicht einzuhalten, solle sie unseren Vertrag zur Hand nehmen und die entsprechende Passage lesen.

Nach einer Woche trafen wir uns wieder.

Sie berichtete, dass ihr diese Übung keine besonderen Schwierigkeiten bereitet habe. Nur einmal habe sie die Übung beinahe vergessen. Da war es schon dreißig Sekunden vor acht! Sie sei zum Kühlschrank gerannt, habe den Jogurtbecher aufgerissen und gerade noch, zehn Sekunden vor acht, den Löffel in den Mund gebracht! Sie meinte, obwohl es ja eine läppische Übung gewesen sei, würde diese morgendliche Pflichterfüllung die Idee von Verlässlichkeit in ihr wach halten.

Acht Tage später trafen wir uns erneut. Ihre Ausstrahlung hatte sich erheblich verbessert, und sie berichtete freudig, dass sie etwas ganz Besonderes erlebt hatte: »Vorgestern, gegen zweiundzwanzig Uhr, schon im Nachthemd, öffnete ich den Kühlschrank, um mir ein Mineralwasser zu holen. Da endeckte ich, dass kein Jogurt mehr da war. Siedend heiß schoss es mir durch den Kopf: Morgen früh habe ich keinen Jogurt mehr, den ich vor acht Uhr essen kann! Da meldete sich eine altbekannte innere Stimme: »Mach dich nicht verrückt, du hast doch schon 12 Tage lang durchgehalten. Das ist doch ganz ordentlich. Mach eine Ausnahme, kauf dir morgen früh auf dem Weg zur Arbeit, einen Joghurt und iss ihn in der U-Bahn – das eine Mal ist doch halb so schlimm.«

Doch dann erinnerte sie sich daran, dass sie bei Schwierigkeiten aller Art ihren Vertrag zur Hand nehmen sollte. Darin stand: 14 Tage lang, jeden Tag *vor* acht Uhr, und zwar so, als ginge es um ihr Leben. So zog sie sich wieder an, rief ein Taxi und ließ sich zum Hauptbahnhof fahren. Kurz vor dreiundzwanzig Uhr kaufte sie dort einen Karton Jogurt. Mit demselben Taxi fuhr sie dann nach Hause zurück. Inklusive Trinkgeld kostete das alles rund 35 € – der teuerste Jogurt ihres Lebens. Doch die Erkenntnis, dass sie sich hundertprozentig auf sich verlassen konnte, steigerte ihre Selbstachtung und stellte sie auf. Tiefe Freude und Stolz erfüllten sie. Sie hatte Macht über sich bekommen. Zwei Jahre später schrieb sie mir eine Ansichtskarte aus der Karibik: »Danke für das Coaching. Ich esse immer noch Jogurt vor acht Uhr!« Ein Hinweis, dass sie nicht aufgehört hatte, sich Aufgaben zu stellen, die Disziplin erfordern.

Wir alle möchten ernst genommen werden und klagen darüber, dass man das nicht immer tut. Dabei nehmen wir uns oft selbst auch nicht für voll. Ein alltägliches Beispiel: Wie oft versprechen wir anderen Menschen, etwas für sie zu tun, und halten es dann nicht ein. Hierbei geht es mir weniger darum, dass wir uns dabei anderen gegenüber unhöflich verhalten, als vielmehr darum, dass wir damit eigene Schwächen und den daraus folgenden Verlust von Selbst-Vertrauen offenbaren. Der springende Punkt ist also, Vereinbarungen mit sich selbst zu treffen und sie einzuhalten.

Über eingehaltene Selbstverpflichtungen erschafft man sich »Inseln des Funktionierens«. Sie nehmen sich also nicht vor, ihr Leben neu zu ordnen, sondern suchen sich anspruchslose Übungsfelder. Dabei stellen sich rasch Erfolge ein. Das Leben ist dann nicht länger eine Abfolge aus Unlust, Ohnmacht und Niederlagen, sondern eine aufbauende Trainingseinheit. Inmitten aller Unsicherheiten können Sie sich auf Ihre »Insel« zurückziehen, daraus Kraft schöpfen und Selbst-Vertrauen tanken. Bei der folgenden Aufgabe, der so genannten Verzichtsübung, hängt der Erfolg ausschließlich von Ihnen ab. Nur Sie entscheiden über Sieg oder Niederlage!

Übung

Inseln des Funktionierens schaffen

Wenn Sie das Gefühl haben, es entgleitet Ihnen alles und Sie bekommen nichts mehr in den Griff, dann helfen Ihnen kleine oder stetige Erfolge, um Ihr Selbst-Vertrauen wieder aufzubauen.

Sie können sich zum Beispiel vornehmen: »Heute trinke ich nur Wasser; also kein Bier, keinen Wein, keinen Tee und keinen Kaffee, nur Wasser – und das nur heute.«

Oder: »Heute esse ich nichts Süßes, also kein Dessert, keinen Kuchen, keine Schokolade ...«

Vielleicht auch: »Heute fahre ich nicht Aufzug und benutze keine Rolltreppe.«

Auf die Dauer, durch monatelange Selbstdisziplin reiht man Erfolgserlebnis an Erfolgserlebnis. So gewöhnt man sich daran, das man sich auf sich selbst verlassen kann. Man hält seine Commitments gnadenlos ein. Diese Erfahrung ist Gold wert: »Ich trau mich was! Ich kann mich auf mich verlassen.«

Meiner Erfahrung nach ist das eine der besten Übungen, um das eigene Selbst-Vertrauen zu stärken. Der Kreativität bei der Auswahl von banalen Übungen sind keine Grenzen gesetzt. Sie werden feststellen, dass Sie dieses Training wirkungsvoll in die Lage versetzt, auch größere Aufgaben diszipliniert anzugehen und zu bestehen.

Diese Übung klappt selbst dann, wenn Sie großen Belastungen ausgesetzt sind und nicht mehr wissen, wo Ihnen der Kopf steht. Nehmen Sie sich täglich eine kleine Sache vor, und ziehen Sie sie durch. Das reduziert Ohnmachts-Gefühle und stabilisiert das Selbstwertgefühl! Man hat übrigens festgestellt, dass man auch anderen mehr vertraut, wenn man sich selbst vertraut.

Die Visionstechnik

Eine verblüffende Technik, um sich aufzubauen, vertrauensvoll in die Zukunft zu blicken und seine Ziele zu erreichen, ist die Visionstechnik.

Der Begriff *Vision* ist zurzeit »in«. Viele Unternehmen entwickeln dynamische Konzepte, die den Aufschwung herbeiführen sollen: Vision 2005, Vision 2010. Darin werden attraktive Ziele formuliert, doch die Mitarbeiter, die diese Ziele erreichen sollen, sind in der Regel nicht von den neuen Aufgabestellungen beseelt: Die Geschäftsführung hat sich etwas ausgedacht, und die Belegschaft soll sich nun dafür begeistern. Der einzelne Mitarbeiter verinnerlicht die Vision der Unternehmensführung nicht, und damit bleibt es bei der Willenserklärung. Die Beseeltheit fehlt.

> *Mit der Visionstechnik verankert man das Strahlen des Siegers im Unterbewusstsein.*

Eine Vision ist die beste Voraussetzung für den Sieg – und für unsere Persönlichkeits-Entwicklung! Es gibt Menschen, die das Gefühl des Siegens nicht kennen. Sie leisten mehr als andere, sind kreativ, haben Knowhow, können sich überwinden. Aber sie sind durch die so genannte Siegerhemmung blockiert. Ihr Unterbewusstsein »meint«, Sieger zu sein stünde ihnen nicht zu.

Beobachtungen unter Leistungssportlern bestätigen diesen Befund. Ein Tennisprofi hatte 16-mal den zweiten und dritten Platz belegt, aber nur einmal gewonnen – da hatte sich sein Gegner verletzt. Er behauptete von sich, er habe eine Siegerhemmung. Das ist wirklich die beste Methode, um immer wieder zu verlieren.

Diese Denkmechanik nennt man bekanntermaßen eine »sich selbst erfüllende Prophezeiung«. Unser Tennisspieler hat einen Satz gewonnen und führt im zweiten 5:2. Nur noch ein Spiel, und er hat das Match gewonnen. »Hoffentlich versage ich jetzt nicht wieder!«, schießt es ihm durch den Kopf. Und dann nimmt das Schicksal seinen Lauf: Er verliert.

Hätte er sich monatelang ganz bildhaft vorgestellt, wie er als Sieger mit all den dazugehörenden Gefühlen den Platz verlässt, könnte ihn sein Unterbewusstsein nicht länger boykottieren. Deshalb ist es wichtig, das Empfinden und Strahlen des Siegers tief in sich zu verankern – und das bewirkt eben die Visionstechnik!

Stellen Sie sich vor, Ihr Unterbewusstsein sei ein einfältiger Riese, der auf verschiedene Monitore blickt: Auf einem sieht er die *Tagesschau*: Mord und Totschlag, Betrug, Ausbeutung, Umweltverschmutzung, Leid und Elend. Alles Grau in Grau. Bedrückend. Wer will schon in solch eine Pleite-Situation investieren, »denkt« sich der Riese mit dem großen Potenzial und der enormen Kraft. Shareholder Value gleich Null! Doch plötzlich erscheint per Vision ein buntes Bild. Ganz unten auf einem anderen Monitor. Dort ist man froh, da wird gelacht, Glaube, Hoffnung, Liebe und Erfolg. Da lohnt es sich zu investieren!

Wenn man sich grau denkt, werden eigene Potenziale und Gewinn versprechende Situationen ungenügend genutzt, weil man sich mit seiner negativen Denkmechanik selbst den Schneid abkauft. Doch der SELBST-ENTWICKLER ist auch ein Selbst-Färber: Er ist der Boss, er kann sein Unterbewusstsein mit seinen Zielvorstellungen bunt einfärben.

Die folgende Erfahrung ist Ihnen sicher vertraut: Sie möchten sich ein neues Auto kaufen, studieren die Prospekte und entscheiden sich dann für Ihren Traumwagen. An den folgenden Tagen werden Sie ihm garantiert überall begegnen – vorher war er Ihnen gar nicht aufgefallen. Was sagt uns dieses Beispiel? Das, was wir als Bild in uns tragen, begegnet uns auch in der Realität. Viele Reize fallen auf unsere Netzhaut, aber wir nehmen nur das bewusst wahr, was wir als Idee schon in uns tragen: Es fällt uns dann quasi zu. Ein *Zu-fall!*

Im Folgenden möchte ich zeigen, wie Sie mit Hilfe der Visionstechnik ihr Selbst-Vertrauen stärken und Ihren Glauben an den Erfolg aufrechterhalten können.

Die Visionstechnik ist simpel, aber äußerst effektiv: Man stellt sich im entspannten Zustand bei geschlossenen Augen (zum Beispiel abends beim Einschlafen, in der Badewanne oder beim Sonnenbaden im Liegestuhl) für ein bis zwei Minuten vor, wie es aussieht, wenn man am Ziel angekommen ist und wiederholt das täglich über einen längeren Zeitraum hinweg. Man nimmt also das Erreichen eines Zieles vorweg: Wie sieht es aus, wie fühlt es sich an, wenn ich angekommen bin? Wie ist es, wenn ich reich bin? Wie fühle ich mich, wenn ich ein glückliches Privatleben habe? Wo befinde ich mich, wenn ich auf dem Höhepunkt meiner Karriere angelangt bin? Was empfinde ich, wenn ich auf dem Siegertreppchen stehe?

Wie kann solch eine Vision konkret aussehen? Im Rahmen seines Karriere-Coachings hat ein 28-Jähriger folgende Vision entwickelt: Er stellte sich vor, er wie er zusammen mit seinen Mitarbeitern in seiner super-gestylten Werbeagentur in der Münchner City den Arbeitstag ausklingen lässt. Sie begießen einen Riesenauftrag mit einer Flasche Champagner: »Wir sind die Größten!« Anschließend fährt er mit seinem großen, schweren Wagen nach Hause. Das Eisentor zu seiner Villa im Nobelvorort Grünwald öffnet sich durch einen Tastendruck auf die Fernbedienung. Vor ihm erstreckt sich eine große, lange Auffahrt. Der weiße Kies knirscht unter den Reifen … Luxus pur. Ein Hupton, und schon erscheint der Butler, um den Wagen in die Garage zu fahren. Im Garten spielen zwei fröhliche Kinder und winken. Seine hübsche Frau nimmt ihn in die Arme …

Eine erfolgreiche Werbeagentur, eine tolle Villa, eine glückliche Familie, ein dienstbarer Geist – der junge Mann wusste, was er will. Er hatte seine Vision von Glück und Erfolg. Irgendwann wird er es tatsächlich geschafft haben. Und wenn nicht, so war er jedenfalls immer beseelt unterwegs.

Das Unterbewusstsein ist ein Riese mit dem Gemüt eines kleinen Kindes und will mit bunten Bildern gefüttert werden, um die Zielvorstellungen des »Chefs« zu unterstützen. Es reagiert auf Stimmungen und Gefühle, nicht auf abstrakt formulierte Wünsche wie:

- Ich möchte mich mal verändern.
- Es wäre schön, wenn ich eine sinnvolle Arbeit hätte.
- Hoffentlich bin ich mal erfolgreich.
- Mir reicht es nicht, hier nur die Hausfrau zu spielen, ich bräuchte eine berufliche Herausforderung, die mich jung hält.

Derlei Dinge können wir uns jeden Tag wünschen, wir werden damit jedoch wenig ändern, weil wir nicht von unseren Zielvorstellungen getrieben werden. Die netten Wünsche bleiben dann eben nette Wünsche. Es fehlt die Entschiedenheit, die Beseeltheit, der Antrieb! Das alles bekommt erst den richtigen Zug, wenn man sich immer wieder im entspannten Zustand die eigene Vision vor das innere Auge holt und das Erreichen des Ziels leicht lächelnd schon im Vorgriff auf das tatsächliche Ereignis genießt:

- Ich habe 42 Kilometer Marathonlauf durchgestanden.
- Ich wohne in einem Traumhaus.
- Ich fahre den Achtzylinder.
- Ich lebe in einer glücklichen Familie.

Damit färbt man sein Unterbewusstsein bunt und positiv: Erschaffe dir Visionen, und halte sie fest: Dein Leben wird sich automatisch in diese Richtung bewegen. Visionen sind sozusagen Hormone des Mutes und des Vertrauens, sie bauen Selbst-Vertrauen auf und stärken das Durchhaltevermögen. Denn auf dem Weg zum Ziel wird es immer wieder Rückschläge geben – wenn man sich davon entmutigen lässt, werden diese Rückschläge zu Niederlagen. Wenn man sich hingegen mit einer Vision eingefärbt hat, werden vermeintliche »Niederlagen« zu Durchgangsstationen auf dem Weg zum Ziel. Denn man ist voller Vertrauen unterwegs, wie Kolumbus, der bar jeden Selbstzweifels nach Indien aufbrach.

> *Erschaffe dir eine Zielvorstellung, und halte sie fest – dein Leben wird sich automatisch in diese Richtung bewegen.*

Die meisten Menschen geben sich mit ihren Visionen viel bescheidener als Kolumbus. Sie glauben, zu viel zu verlangen, und haben Angst, enttäuscht zu sein, wenn ihre Träume nicht wahr werden. Doch niemand behauptet, dass allein eine Vision das Erreichen eines Zieles garantiert. Sie stellt aber sicher, dass man aufbricht und beseelt auf der Berg- und Talfahrt des Lebens unterwegs ist. Der Weg ist das Ziel! Das Leben findet jetzt statt … und jetzt … und jetzt! Ist man erst einmal voller Neugier aktiv und selbstbestimmt unterwegs, ist man sozusagen schon angekommen. In diesem Zusammenhang erinnere ich mich an eine 27-jährige Frau, die, wie sie sagte, »unbedingt nach oben wollte«. Sie sah sich in ihrer Phantasie auf einer Bühne stehen, 300 Menschen jubelten ihr zu. Auf meine Frage, was sie denn da auf der Bühne treibe, antwortete sie, da wolle sie sich noch nicht so festlegen. Sie habe jedenfalls das Bedürfnis, etwas Großes zu vollbringen, das sie aus der grauen Masse heraushebt. Und so hat sie sich auf »oben« programmiert.

Dieses Beispiel zeigt: Eine Vision muss einen Sog entwickeln! »Wenn du ein Schiff bauen willst, dann trommle nicht Männer zusammen, um Holz zu beschaffen, Aufträge zu vergeben und Arbeit zu verteilen, sondern lehre sie die Sehnsucht nach dem weiten, endlosen Meer«, hat Antoine de Saint Exupéry über die Faszinationskraft einer guten Vision gesagt. Also: Wenn man Mitte zwanzig ist, dann sollte man sich ruhig die Vorstellung eines Hauses im Grünen, mit einem großen Garten, gestatten. Es gibt keinen Grund, sich mit einem Reihenhäuschen, eingekeilt zwischen Schnellstraße und Autobahn, zufrieden zu geben. Tausend-und-eine-Nacht-Phantasien sind weder unanständig noch unbescheiden. Es ist erlaubt, am großen Rad zu drehen!

Eine Methode, sich das Rauchen abzugewöhnen

1. Stellen sie sich jeden Abend beim Einschlafen ein schönes Bild vor: Ihre Lungenflügel verwandeln sich in eine herrliche, unberührte Landschaft: Am Horizont stehen blaue Berge, deren Gipfel mit Schnee bedeckt sind, vor ihnen schlängelt sich ein Bach mit kristallklarem Wasser durch sanft gewellte, üppige Wiesen.
   Über das Gras, Ihre Bronchienhärchen, weht eine frische Brise. Halten Sie diese Vision etwa eine Minute lang fest, lächeln Sie dabei, und genießen Sie die reine Natur (Ihrer Lunge).

2. Rauchen Sie unterdessen ohne Schuldgefühle weiter. Sagen Sie sich nicht: »Leider rauche ich schon wieder.« Sagen Sie sich stattdessen: »Ich rauche ganz bewusst.« Während des Rauchens sollten Sie dann allerdings auch nicht lesen, reden, fernsehen, essen, trinken usw. Wenn Sie rauchen, dann rauchen Sie konzentriert.

Wenn Sie sich über längere Zeit genau an diese beiden Empfehlungen halten, werden Sie weniger rauchen und irgendwann damit aufhören. Denn es wird immer schwieriger, diese wunderschöne und saubere Natur in Ihrem Innern durch die Kondensate des Zigarettenrauchs zu verschmutzen. Ein »Mentalgesetz« besagt: rein zu rein, schmutzig zu schmutzig.

Man kann sich Visionen im beruflichen, privaten und gesundheitlichen Bereich erschaffen. Aber Vorsicht: Verfolgen Sie sich nicht alle Zielvorstellungen auf einmal. Damit ist das Unterbewusstsein überfordert und orientierungslos. »Ich jage nie zwei Hasen auf einmal«, hat Bismarck sein Erfolgsrezept einmal umschrieben. Also: Wechseln Sie Ihre Bilder nach frühestens vier Wochen aus.

Andererseits besteht die Gefahr, dass andere Ziele aus dem Blickfeld geraten, während Sie sich auf ein Ziel konzentrieren: Verfolgen Sie Rom ganz stark, rückt London in den Hintergrund. Man sollte sich also seiner Ziele sicher sein – im Kapitel *Selbst-Bewusstheit* (siehe Seite 72 f.) sowie am Ende dieses Kapitels finden Sie mehr zu diesem Thema (siehe Seite 124 f.).

Ich gebe mein Bestes

Ein altes chinesisches Sprichwort sagt: »Es genügt nicht, mit dem Wunsch, Fische zu fangen, an den Fluss zu kommen – du musst auch ein Netz mitbringen.« Übertragen auf den SELBST-ENTWICKLER heißt das: Allein die Vorstellung, auf dem Siegertreppchen zu stehen, bringt uns noch keinen Pokal ein. Wir brauchen auch eine Strategie, die uns über Zwischenziele und kontinuierliche Verbesserungsprozesse zu unserem Ziel führt. Um das umsetzen zu können, müssen wir in der Lage sein, uns auf die jeweils konkret gestellte Aufgabe zu konzentrieren.

Ich kenne einen Manager, der das begriffen hat. Er sagt: »Die Firma hat mir etwas versprochen, aber nicht eingehalten. Wenn ich deshalb jetzt schon – mit 46 bin ich nicht mehr der Jüngste – Dienst nach Vorschrift mache und nur noch jammere, werde ich nach unten durchgereicht. Und ich werde immer grauer.« Dann hat er einen bewundernswerten Satz gesagt: »Ich gehe in die Firma und gebe täglich mein Bestes. Auch wenn ich weiß, dass das, was ich da erarbeiten soll, oft keinen Sinn macht. Ich weiß auch, dass das Ergebnis meiner Bemühungen in einem halben Jahr vielleicht im Papierkorb landet. Aber ich mache dennoch konzentriert weiter – und zwar für mich selbst und für mein Wohlgefühl.«

Es liegt in unserer Macht, unsere Gestimmtheit gegenüber dem Leben selbst zu bestimmen. Jeder von uns kann sich selbst aufstellen – das hat dieser Manager erkannt: »Es gibt keine schlechte Arbeit oder Idiotenarbeit; es gibt nur Tätigkeiten. In dem Augenblick, in dem ich mich für eine dieser Tätigkeiten entscheide, erledige ich sie, so gut ich kann. Das steigert meinen Umsatz – in jeder Hinsicht. Klar, auch die Firma profitiert davon. Die Hauptsache aber ist: Ich schade mir nicht selbst.«

Einem arbeitslosen und übelgelaunten Prokuristen, der sich mehr als zwanzig Mal erfolglos beworben hatte, konnte ich bewusst machen, dass ihn niemand einstellen werde, solange er keine positive Ausstrahlung zeige und keine Schaffenskraft verkörpere. Erst wenn er sich überwunden habe und wieder in der Lage sei, sein Bestes zu geben und als »Macher« aufzutreten, könne er andere positiv auf sich aufmerksam machen. Deshalb verschrieb ich ihm unter anderem folgende Übung, die ihm half, sich wieder aufzustellen: »Greifen Sie genau um Punkt sieben Uhr morgens zum Spaten, und gehen Sie schnellen Schrittes zum nahe gelegenen Waldrand. Dort angekommen, graben Sie exakt 15 Minuten lang den Boden um. So präzise und so schnell wie möglich. Während Sie auf dem Weg zu Ihrem *Arbeitsplatz* sind, achten Sie ausschließlich auf die Umgebungsgeräusche – eine Konzentrationsübung, die negative Grübeleien nicht aufkommen lässt. Wenn Sie sich auf etwas sehr stark konzentrieren oder eine Aufgabe präzise und schnell ausführen, kommen Sie in einen *Flow.* So nennen Profisportler den tranceähnlichen Zustand höchster Konzentration auf ihre augenblickliche Aufgabe, der es ihnen ermöglicht, Spitzenleistungen zu erbringen.«

Der Prokurist, anfangs nicht wirklich überzeugt von dieser Übung, grub den Waldboden 14 Tage lang so präzise und so schnell wie möglich um; seine Fortschritte, die er Tag für Tag machte, hielt er auf Fotos fest. Schon nach 21 Tagen war er zum »Meister« geworden. Frei nach Prof. Hellriegel hätte man seine Trainingsarbeit auch als »Zen, oder die Kunst des Umgrabens« bezeichnen können. Er fühlte sich bedeutend besser und hatte während dieses Zeitraums durch strenge Disziplin, rigorose Pünktlichkeit und hohe Konzentration immer bessere Qualität geliefert. Damit macht man bekanntermaßen mehr geistig-seelischen Umsatz und steigert den materiellen Gewinn!

Dann verordnete ich ihm noch weitere Übungen:

Die erste hieß: Täglich ins Café gehen und Cappuccino trinken. Denn das tat er ohnehin jeden Morgen. Die Anweisung für ihn lautete: Trinken Sie exakt um 10.32 Uhr den ersten Schluck.

»Warum?«, fragte er.

»Machen Sie es einfach, erst mal eine Woche lang. Sie werden die Wirkung dieser Übung selbst spüren.«

Also trank er jeden Tag um Punkt 10.32 Uhr seinen Cappuccino. So hatte er jeden Vormittag eine spezielle Aufgabe zu erfüllen. Sein Tagesablauf bekam eine klare Struktur: Aktivitäten vor 10.32 Uhr und Aktivitäten nach 10.32 Uhr. Es klingt banal, aber es zeigte Wirkung. Es gefiel ihm, diese Selbstvereinbarung so diszipliniert einzuhalten.

Er erweiterte sein Pensum freiwillig und ging jeden Nachmittag zu einem exakt festgelegten Zeitpunkt ins Stadtcafé, um ein Stück Kuchen zu essen und exakt eine Stunde lang in der Tageszeitung die Kommentare zu Politik und Wirtschaft zu lesen.

Nun hatte er schon drei Anker. Zwischendurch konnte er immer schnell seinen täglichen Erledigungen nachgehen. Schließlich riet ich ihm zu einem Kletterkurs: Klettern an der Steilwand war nun angesagt.

Mit der Zeit bekam sein Unterbewusstsein mehr und mehr positive Signale: »Der Boss ist wach und aktiv, er kann sich auf sich selbst verlassen und entwickelt sich vom Opfer zum Macher.« Das Unterbewusstsein registriert all diese kleinen erfolgreichen Handlungen als Zeichen von Hoffnung und Stärke und unterstützt diese Anstrengungen durch positive Gestimmtheit.

Zuletzt forderte ich ihn auf, etwas Neues zu lernen. Doch diesmal sollte nicht der Körper, sondern der Geist herausgefordert werden. Er entschied sich für einen Spanischkurs. Drei Monate später hatte er sein erstes Vorstellungsgespräch – und wurde eingestellt! Letztlich habe wohl sein »Aufgestelltsein« den Ausschlag gegeben, erzählte er mir später einmal.

Lästige Aufgaben bewältigen wir am besten, wenn wir sie präzise und schnell erledigen.

Das Rezept, das ich dem arbeitslosen und mutlosen Prokuristen ausgestellt habe, lässt sich verallgemeinern: Jeder ist in der Lage, sich selbst aufzustellen, indem er sich eine Arbeit vornimmt und sie präzise *und* schnell erledigt – beides ist wichtig, wie das Beispiel des Unkrautjätens zeigt: Rupfen Sie Unkraut nur präzise, meldet sich vielleicht eine innere kritische Stimme und sagt: »Du schläfst ja gleich ein!« Und wenn Sie es dann schnell tun, ermahnt Sie der Perfektionist in Ihnen: »Da steht noch was, du musst präziser sein!«

Rupfen Sie jedoch präzise *und* schnell, verspüren Sie nach einigen Minuten weder Knieschmerzen, noch gelingt es Ihnen, sich fertig zu machen: Sie haben sich in einen *Flow* gebracht.

Nun müssen wir beileibe nicht alles immer optimal erledigen. Sie können, wenn es Ihnen Spaß macht, auch Unkraut jäten und dabei grübeln. Aber wenn Sie dabei Schmerzen haben oder sich selbst bedauern, ist diese Übung hilfreich.

Eine Aufgabe präzise *und* schnell zu erledigen, garantiert ununterbrochene Konzentration. Solange Sie sich nur sagen: »Konzentriere dich!«, werden Sie keinen Erfolg haben.

Konzentration ist die Folge immer neuer Aufmerksamkeit. Sie können Konzentration einüben, zum Beispiel beim Tennisspielen: Verfolgen Sie nur den Ball – und jedes Mal, wenn Sie seine Nähte sehen, sagen Sie »Ja«, im anderen Fall »Nein«. Andauernd Ja, Nein, Nein, Ja, Nein ... Solange Sie das schaffen, sind Sie konzentriert. Im anderen Fall schweifen ihre Gedanken sofort ab.

Konzentration ist also die Folge immer erneuter Aufmerksamkeit. Sie kommen bedeutend leichter in den leistungsfördernden *Flow*, wenn Sie Ihr Ziel kennen, die hierfür notwendige Technik beherrschen, sich konzentrieren und ein schnelles Feedback auf Ihre Bemühungen bekommen. Es geht einfach darum, in entscheidenden Situationen nicht an das Ergebnis zu denken, sondern die geballte Aufmerksamkeit auf die unmittelbare Gegenwart, auf das Hier und Jetzt zu richten.

Die ultimative Erfolgsformel

Die Möglichkeiten der Visionstechnik und die Bereitschaft, unabhängig von einer gestellten Aufgabe stets sein Bestes zu geben, lassen sich zu einer Erfolgsformel verknüpfen, die unschlagbar ist: Verfolge dein Ziel, als ob du es nicht hättest (mit Hilfe einer Vision) ... und tue das, was du tust, so gut du heute kannst (durch volle Konzentration auf das gegenwärtige Tun).

Ich will die Umsetzung dieser Erfolgsformel an zwei Beispielen verdeutlichen.

Erstes Beispiel: Karriere-Coaching bei einer Hotelkette.

Adam ist Auszubildender in einem Hotel und will Chefkoch werden. Jede Nacht, kurz vor dem Einschlafen stellt er sich sein Ziel bildlich vor: Wie er mit der großen weißen Mütze durch die Küche geht und seinen Köchen Anweisungen erteilt, wie er ihre Anerkennung genießt, wie er hier kostet und dort abschmeckt, wie es ihm Spaß macht, wenn ihm ein dankbarer Gast begeistert die Hand schüttelt und seine Kunst rühmt. Er genießt diese Vision für 30 bis 45 Sekunden und lächelt dabei. Morgens geht er zur Arbeit ins Hotel, und nun vergisst er, dass er Chefkoch werden will. Fordert ihn sein Vorgesetzter auf, die Koffer eines Gastes mal schnell aufs Zimmer zu tragen, und folgt er der Aufforderung missmutig, weil er diese Tätigkeit als störende Umleitung auf dem Weg zu seinem Ziel betrachtet, dann wird er nicht so schnell vorwärts kommen.

Ist ihm hingegen der zweite Teil der Erfolgsformel bewusst: »Tue das, was du tust, so gut du heute kannst«, dann entscheidet er sich, nach den Koffern zu greifen und sie präzise und schnell aufs Zimmer zu tragen. Das ist die Formel, auf die Erfolg *er-folgt!* Auf lange Sicht glaubt er an seine Chance als Chefkoch, aber für den Moment erledigt er das, was ansteht, so gut es ihm möglich ist. Alles andere wäre für ihn und die Erfüllung seiner Zukunftsträume ungünstig.

> *Die Erfolgsformel des Selbst-Entwicklers:*
> *Verfolge dein Ziel, als ob du es nicht hättest,*
> *und tue das, was du tust, so gut du heute kannst.*

Zweites Beispiel: Eva trägt die Vision des 7. Stockwerkes – Chefetage! – in sich. Ihr Vorgesetzter schlägt ihr vor, obwohl sie erst acht Wochen in der Firma ist, doch bitte Frau Meier im 3. Stock zu vertreten. Da Eva jeden Abend mit der Vision *7. Stock* einschläft, sagt sie sofort zu. Ist doch klar: Der 3. Stock ist auf dem Weg zum 7. Stock! Selbst-Vertrauen pur. Wenn man sehr gut arbeitet, aber die Vision vom 7. Stock nicht hat, wird man es nicht wagen, eine Chance wie diese zu nutzen: »Danke – aber das traue ich mir noch nicht zu. Ich bin erst acht Wochen hier.« Und wenn man sich doch überreden lässt und das Angebot annimmt, wird man vielleicht Fehler machen und dem Chef damit beweisen, dass man es eben doch nicht kann – man hat es ja schon vorher gewusst.

Also: Wer nach oben will, sollte sich auch viel zutrauen. Sicher wird er dabei auch mal straucheln und vielleicht sogar ein Stück zurückfallen. Solange er jedoch beseelt und voller Selbst-Vertrauen unterwegs ist und an seiner Vision festhält, wird er solche Rückschläge verkraften – es sind ja »nur« Trainingseinheiten!

Zusammenfassend lässt sich der Weg zum Ziel als dreistufige Pyramide beschreiben:

- Zuunterst steht die Vision – das ist das Glaubensziel, die Zielvorgabe: Ich weiß nicht, wann ich mein Ziel erreiche, aber ich habe es in mir programmiert.
- Darüber stehen die Leistungsziele – das sind die Meilensteine auf dem Weg zum Ziel. Sie zeigen messbare Fortschritte an: Ich kann mein Verhalten auf ein Ziel hin kontinuierlich verbessern.
- Ganz oben, an der Spitze, steht die Handlungs- und Prozessorientierung: die höchste Konzentration auf das, was ich gerade tue – eins nach dem anderen.

Zielvorgaben und Zielvereinbarungen haben Konjunktur. Das hat durchaus seine Berechtigung, denn es ist hilfreich, wenn man sich an etwas orientieren kann. Wer jedoch andauernd nur an das Ziel denkt, der verkrampft. Das hat der

Selbst-Entwickler erkannt. Deshalb coacht er sich prozessorientiert und nicht zielorientiert. Er stellt sich die W-Fragen, um sich bewusst zu werden:

- Wie habe ich das eben gemacht?
- Was kann ich verbessern?
- Wann will ich das anwenden?
- Wo liegen meine Stärken?
- Wer kann mich unterstützen?
- Wie viel von meinen Vorstellungen habe ich schon umgesetzt?

Der Perfektionist hingegen konzentriert sich auf das Ziel und vernachlässigt dadurch die Gegenwart; er ist vor lauter Ehrgeiz oft verkrampft und belastet sich mit Vorwürfen, es immer noch nicht perfekt gemacht zu haben. Er beurteilt seine Leistung ausschließlich im Hinblick auf die Zielerreichung, das heißt im Hinblick darauf, ob er etwas »schlecht« oder »gut« gemacht hat. Durch seine überkritische Haltung boykottiert er seine optimale Konzentration und Leistungsfähigkeit. Kurz gesagt: Er spielt das *äußere Spiel*.

Das *innere Spiel* des Selbst-Entwicklers hingegen orientiert sich an den eigenen Kriterien und Fähigkeiten und ist geprägt von umfassender Achtsamkeit für das augenblickliche Tun. Es bewahrt ihn vor Schuldgefühlen, weil er stets im Bewusstsein eigener Anstrengung und im Bemühen um Bestleistung agiert.

So versteht er Kritik an seiner Arbeit nicht als enttäuschte Erwartung des Kritikers, sondern betrachtet sie eher als Hinweis, das eigene Verhalten in einem kontinuierlichen Entwicklungsprozess zu verbessern. Möglicherweise sind die Ziele zu hoch gesteckt, er jedenfalls tut alles, was in seiner Macht steht. Für den Selbst-Entwickler ist Kritik deshalb unverzichtbar: Er bittet die anderen bewusst und lernbegierig um ihr Feedback. Denn er will sichergehen, dass sein optimaler Einsatz zielführend ist, er also nicht voller Leidenschaft auf der falschen Schiene unterwegs ist.

Was dem Einzelnen auch in »schlechten Zeiten« den aufrechten Gang erhält, ist der Stolz darauf, seine Selbstverpflichtung einzuhalten. In der Firma *ent-wickelt* er sich täglich an den Herausforderungen und hat Freude an seinem Tun. Er agiert in einem Zustand höchster Konzentration auf das Hier und Jetzt und gibt damit auch sein Bestes für das Erreichen der äußeren Ziele.

Der ängstlich und zwanghaft aufs Ziel starrende Perfektionist dagegen bringt gerade während des großen Wandels nicht die zielorientierte Leistung, die ein SELBST-ENTWICKLER durch seine Selbstverpflichtung auf das Optimum und das ununterbrochene Lernen zu geben vermag.

Verfolge Dein Ziel, als ob Du es nicht hättest. Und tue das, was Du tust, so gut Du heute kannst. Diese Formel verschafft all jenen, die sich dem *inneren Spiel* verschrieben haben, einen weiteren Vorteil: Wenn sie abends nach anstrengender Arbeit heimkommen, können sie leichter vom Beruf abschalten. Sie haben den Kopf frei für die Familie und die notwendige Entspannung. Das gelingt ihnen nur, weil sie ihre eigenen Kriterien zur Erreichung ihrer Bestleistung eingehalten haben.

Der Perfektionist hingegen – immer das *äußere Spiel* im Kopf – belastet sich auch abends noch mit Selbstvorwürfen und leidet unter dem Schuldgefühl, nicht gut genug gewesen zu sein: »Dies und jenes hätte ich noch …« – »Ich glaube, mein Chef war enttäuscht von mir.« – »Warum kann ich das auch nicht …«

Diese Beiträge werden ihn zusätzlich belasten und die Qualität seiner beruflichen Tätigkeit auf Dauer beeinträchtigen. Ein Teufelskreis!

Will ich mein Ziel wirklich erreichen?

Ziele, an deren Formulierung man selbst beteiligt war oder die man selbst bestimmt hat, wird man engagierter verfolgen und deshalb auch eher erreichen.

Mit den folgenden Fragen – Sie sollten die Antworten notieren – machen Sie sich Ihr Ziel und den Weg dorthin bewusst. Es könnte aber auch sein, dass Sie sich auf Grund Ihrer Antworten von einem Vorhaben verabschieden.

1. *Will ich das Ziel wirklich, wirklich, wirklich erreichen?*
   Erstaunlich viele Klienten blicken mich auf diese Frage hin mit großen Augen an und antworten: Eigentlich will ich das gar nicht. Meine Firma will das, mein Chef, meine Frau ...

   Eben deshalb erreichen diese Menschen ihre Ziele meist nicht. Weil es nicht ihre Ziele sind. Sie haben irgendwie zugestimmt, aber sie wollen es nicht wirklich: »Ich will gar nicht Karriere machen. Man erwartet es von mir.«

   Wenn Sie bisher etwas nicht wirklich wollten, Ihr Ziel also fremdbestimmt war, dann machen sie es doch zu Ihrem eigenen Ziel – oder streichen Sie es! Es macht Sie auf Dauer nur fertig, Dinge zu verfolgen, die Sie nicht wirklich wollen.

   Ungünstig ist es auch, wenn Sie sich zu viele Ziele gesetzt haben, die sie nicht verfolgen. Unerledigtes und Aufgeschobenes kann ungemein viel Energie kosten. Das deprimiert Sie, und andere Dinge werden dadurch auch in Mitleidenschaft gezogen. Sie haben zwei Möglichkeiten: Entweder Sie gehen die Sache an, oder Sie streichen sie von Ihrer Liste.

   Falls es Ihnen Schmerzen bereitet, sich von einem Ziel zu verabschieden, dann verlängern Sie doch einfach den Zeitraum, innerhalb dessen Sie es erreichen wollen: Die nächsten zwei Jahre lerne ich nicht Spanisch, obwohl ich es schon seit fünf Jahren will. Aber ich setze es nach zwei Jahren wieder auf meine Liste. Ist es wirklich Ihr Ziel? Ja? Dann können Sie zur nächsten Frage übergehen.

2. *Was brauche ich, um mein Ziel zu erreichen?*
   Viele kommen ins Grübeln, wenn sie aufgeschrieben haben, was sie alles brauchen, um ihr Ziel zu erreichen: Zeit, Geduld, Freude, Beziehungen, Geld, Sprachkenntnisse, Fortbildungen, Arbeitsplatzwechsel, Ortswechsel usw. »So viel müsste ich tun? Ist das wirklich alles nötig?« Und dann beginnt das Zweifeln: »Ich möchte ja schon gern, aber …«
   Wollen Sie an Ihrem Ziel immer noch festhalten? Ja? Dann stellen Sie sich der nächsten Frage.

3. *Woher bekomme ich, was ich brauche?*
   Es wird nun immer konkreter. Notieren Sie, was nun zu tun ist: Sprachkurs bei Institut X belegen, Fortbildung innerhalb der nächsten drei Tage anmelden, mit Herrn Y wegen eines Kredits sprechen, Geschäftsreise nach Z vorbereiten, neue Kontakte auf diesem und jenem Kongress knüpfen, beim Zen-Meister Gelassenheit üben …
   Sie verfallen in Selbstmitleid? Das ist alles zu viel für Sie? Sehen Sie, deshalb haben Sie Ihr Ziel wohl noch nicht erreicht. Streichen Sie es! Befreien Sie sich von Ihren Wünschen und Schuldgefühlen! Aber Sie wollen immer noch – trotz allem? Gut, dann geht es mit Frage 4 weiter.

4. *Was kostet mich das?*
   Welche Opfer muss ich bringen? Ich werde auf meinen geliebten Sport verzichten müssen, weil ich so viel unterwegs bin. Meine Freundinnen und Freunde werden verärgert sein, weil ich mich nicht mehr melde. Meine Familie wird zu kurz kommen, es wird Vorwürfe, vielleicht sogar Tränen geben, meine Abteilung wird sich im Stich gelassen fühlen, einige werden stocksauer sein.
   Wollen Sie sich das alles wirklich antun?

Wenn Sie wiederum mit Ja antworten, dann zahlt es sich aus, wenn Sie ihre möglichen »Opfergaben« notieren und anschließend nummerieren. So müssen Sie sich nicht als Opfer fühlen, wenn Sie später wirklich mit einer der notierten Entbehrungen konfrontiert werden. Denn Sie werden in diesem Moment zum bewussten Zeugen ihrer Entscheidung. Alles hat seinen Preis: Wer sich für gewisse Schmerzen auf dem Weg zum Ziel entschieden hat, kann sie besser ertragen und macht weiter. Sind Sie dazu bereit? Ja! Gut, dann kommt die letzte Frage.

5. *Wie sieht mein Leben aus, wenn ich es geschafft habe?*
   Stellen Sie sich vor, wie Ihr Leben verläuft, wenn Sie Ihr Ziel erreicht haben, zum Beispiel: »Ich bin jetzt Präsident und muss jede Woche nach Brüssel fliegen. Und das bei meiner Flugangst. Noch mehr Verantwortung, Machtkämpfe und Politik. Ich werde für Dinge haftbar gemacht, die ich im Einzelnen kaum steuern kann. Und und und … Bin ich dazu wirklich bereit?«
   Wenn Sie auch diese Frage mit Ja beantworten, weil Sie begeistert sind über so viel Machtfülle und Möglichkeiten der Einflussnahme, und weil gerade diese Position und all das, was damit verbunden ist, schon immer Ihr Traum war, dann halten Sie diese Vision fest. Die Wahrscheinlichkeit, dass Sie Ihr Ziel wirklich erreichen, hat um ein Vielfaches zugenommen!

Das Wichtigste in Kürze

- Selbst-Vertrauen heißt, sich der eigenen Stärken bewusst zu sein und die eigenen Potenziale in vollem Umfang nutzen zu wollen und nutzen zu können.
- Selbst-Vertrauen kann sich besser entwickeln, wenn der Selbstwert nicht am Leistungserfolg, sondern am persönlichen Einsatz gemessen und die Person nicht mit ihrem Verhalten, das sie auf ein Ziel hin verbessern kann, gleichgesetzt wird.
- Das Einhalten von Selbstverpflichtungen (Commitments) stärkt das Selbst-Vertrauen. Disziplinübungen im neutralen Bereich schaffen *Inseln des Funktionierens* und vermitteln die Gewissheit, sich selbst ein verlässlicher Partner zu sein. Die Disziplin, die dabei erworben wird, macht einen großen Teil des Selbst-Vertrauens aus.
- Visionen nähren den unbewussten Teil des Selbst-Vertrauens. Mit Hilfe der Visionstechnik nimmt man das Erreichen eines Zieles vorweg (Wie sieht es aus, wenn ich es geschafft habe?) und verankert es im Unterbewusstsein. Damit schafft man die Voraussetzung für das Erreichen des Zieles.
- Der SELBST-ENTWICKLER trainiert, seine Aufgaben präzise und schnell zu erledigen. Auf diese Weise ist er in der Lage, sich selbst aufzustellen und Qualität zu produzieren.
- Die Erfolgsformel des Selbst-Enwicklers lautet: Verfolge dein Ziel, als ob du es nicht hättest (mit Hilfe von Visionen), und tue das, was du tust, so gut du heute kannst (durch volle Konzentration auf das gegenwärtige Tun).
- Diese Erfolgsformel basiert auf einer dreistufigen Pyramide: Die Basis sind Glaubensziele, darüber stehen die Leistungsziele und an der Spitze die Handlungs- und Prozessorientierung.

- *Glaubensziele* sind Visionen, sozusagen Hormone des Mutes und des Durchhaltevermögens: Ich weiß nicht, wann ich ankommen werde, aber ich weiß, dass ich es schaffen werde. So werden vermeintliche Niederlagen zu Durchgangsstationen auf dem Weg zum Ziel.

- *Leistungsziele*, die auch als Zwischenziele bezeichnet werden können, beschreiben messbare Fortschritte und geben Auskunft über das gegenwärtige und mögliche künftige Leistungsvermögen.

- *Handlungs- und Prozessorientierung* heißt, sich auf die jeweils aktuelle Aufgabe, auf den Augenblick zu konzentrieren und im *Flow* Bestleistung zu erbringen.

- Der Selbst-Entwickler spielt das *innere Spiel:*
    1. Er orientiert sich an den eigenen Fähigkeiten und hält seine Selbstverpflichtung ein,
    2. trainiert, Aufgaben präzise und schnell zu erledigen,
    3. verbessert sein Verhalten kontinuierlich auf ein Ziel hin,
    4. sorgt für ein Feedback, das ihn davor bewahrt, kontraproduktiv zu agieren und
    5. hat Freude an seinem Tun.

    All dies hilft ihm, Klagen und Selbstvorwürfe zu vermeiden und so das *äußere Spiel* (Karriere, Ansehen, Geld usw.) zu gewinnen.

- Die Antworten auf die folgenden fünf Fragen geben Auskunft über die Chancen, ein Ziel zu erreichen:
    1. Will ich das Ziel wirklich, wirklich, wirklich erreichen?
    2. Was brauche ich, um das Ziel zu erreichen?
    3. Woher bekomme ich, was ich brauche?
    4. Welche Opfer muss ich dafür bringen?
    5. Wie sieht mein Leben aus, wenn ich es geschafft habe?

- *Übung: Inseln des Funktionierens schaffen*
  Die Kunst, Selbstverpflichtungen einzuhalten, kann durch Disziplin- oder Verzichtsübungen erlernt werden, die in den Tagesablauf eingebaut werden. Zum Beispiel: Heute trinke ich nur Wasser, heute esse ich nur Obst, heute nehme ich die Treppe statt den Aufzug, heute verzichte ich aufs Rechthaben usw. Das Einhalten dieser Selbstverpflichtungen über einen vorher festgelegten Zeitraum schafft *Inseln des Funktionierens*, weil der Erfolg unserer Anstrengung nicht von äußeren Faktoren, sondern einzig von uns selbst abhängig ist. Diese Übungen stärken das Selbst-Vertrauen und fördern diszipliniertes Verhalten.

Selbst-Überwindung

Im Zusammenhang mit dem Thema Schmerz beobachte ich immer wieder eine Gesetzmäßigkeit: Psychosomatische Störungen, depressive Stimmungen, private und berufliche Pleiten sind meistens Folgen der Vermeidung von Schmerz und Unlust!

Bei psychosomatischen Störungen – die Ärzte finden keine organischen Fehlfunktionen und sprechen von nervösen, vegetativen Störungen – ist dieser Zusammenhang offensichtlich. Der Lösung von Problemen verweigert man sich aus den unterschiedlichsten Gründen. Weil es unangenehm, vielleicht sogar schmerzhaft sein könnte, weil es kurzfristig mit – nicht nur materiellen – Kosten verbunden ist, weil uns das Vertrauen in unsere eigenen Fähigkeiten fehlt. Wir schlucken vieles hinunter, und dann schlägt es uns auf den Magen oder zieht andere Organe buchstäblich in *Mit-Leidenschaft*.

Oft wählen wir den vermeintlich bequemen Weg: Lieber ein Schrecken ohne Ende als ein Ende mit Schrecken. Vielleicht löst sich das Problem ja von selbst, irgendwann … Doch diese Haltung verstärkt auf Dauer das Problem. Nicht nur ungelöste Fragen türmen sich vor uns auf, auch Angst und Schuldgefühle verstärken den seelischen Druck. Die Belastungen potenzieren sich.

Pleiten aller Art sind meist Folgen von Schmerzvermeidung.

Im Hinblick auf private und berufliche Niederlagen ist die beschriebene Kausalität nicht ganz so eindeutig zu konstatieren. Meistens jedoch war man nicht bereit, lieb gewonnene Gewohnheiten und eigene Einstellungen auf ihre Zieltauglichkeit zu prüfen. Es schmerzt, Vertrautes loszulassen, und

man fürchtet sich davor, dass eine mögliche Alternative noch schlimmer sein könnte als der Status quo.
Was dieses Vermeidungsverhalten betrifft, berufe ich mich gern auf den Dalai Lama, der gesagt hat: »Wenn du in deinem Leben etwas ändern willst, dann mache dir bewusst, dass zum Leben auch der Schmerz gehört. Der Schmerz ist ein Teil deines Lebens. Entscheide dich für den kleineren Schmerz!«

Schmerzen sind ein Teil unseres Lebens.

Also: Lieber ein Ende mit Schrecken, als ein Schrecken ohne Ende. Die intelligenteste Form, mit dem Leben umzugehen und seine Ziele zu erreichen, heißt deshalb: Schmerz – ja, sofort!

Das ist eine Erkenntnis mit Langzeitwirkung, weil es Erleichterung bringt, sich so zu verhalten. Im Gegensatz zum Tier kann der Mensch sich überwinden, um ein entferntes Ziel zu erreichen, und nimmt dafür Unlust in Kauf. Wenn man Karriere machen möchte, mehr Geld verdienen will, seine Insel des Erlebens erweitern will, muss man auch Ängste überwinden, Risiken eingehen und sich dem möglicherweise damit verbundenen Schmerz stellen. Man riskiert dabei unter Umständen eine Bruchlandung und den Spott der Zauderer. Ob man letztlich sein Ziel erreicht oder scheitert, wird sich zeigen. Man geht jedenfalls los – und folgt seiner Idee. Je beseelter man seine Komfortzone verlässt, desto weniger wird man den Schmerz spüren. Wer hingegen fremdbestimmt, verunsichert und angeschlagen ist, spürt die Unlust stärker und stellt sein Bemühen ein.

Schmerz – ja, sofort: Hinter dieser einfachen Aussage stecken Erfahrungen, die nahezu jeder schon gemacht hat: bei Zahnschmerzen lieber sofort zum Zahnarzt, als drei Wochen später mit Eiterbacke zum Kieferchirurgen. Die

Hochrechner und Schlauberger setzen sogar eins drauf: Sie lassen sich beim Zahnarzt vorher eine Betäubungsspritze geben. Das »Aua« gleich zum Auftakt, aber dafür ist das Bohren hinterher nicht der Rede wert.

> *Schmerz – ja sofort! – das kann auch heißen:*
> *Lieber ein Ende mit Schrecken, als ein Schrecken ohne Ende.*

Es gibt drei Bereiche, in denen Schmerzvermeidung weit verbreitet ist:

- bei Entscheidungen,
- in der Konfrontation mit anderen Menschen,
- im Umgang mit den eigenen Überzeugungen und Glaubenssätzen.

Schmerzvermeidung bei Entscheidungen

Ein Bekannter von mir erlebte sein finanzielles Waterloo deshalb, weil er das, was er sich vorgenommen hatte, unbedingt zu Ende führen wollte. Nachdem er erfolgreich Mode-Accessoires in New York verkauft hatte, glaubte er, das müsse auch in München funktionieren.

Meinen Einwand, die Amerikaner seien uns in ihrer Verrücktheit oft Jahre voraus, wischte er beiseite: »Ach was, das setzt sich durch! No risk – no money!«

Er nahm Kredite auf, richtete einen attraktiven Laden ein, bezahlte eine hohe Miete usw. Doch der Absatz tendierte gegen Null. Er klagte: »Das darf doch nicht wahr sein! Das gibt's doch nicht!« Und versteifte sich so auf die Sache, dass er weiter klotzte. Noch mehr Ware, noch mehr Werbung ... Denn er wollte einer äußerst unangenehmen Erkenntnis, einem Schmerz, entgehen und die Tatsache, Hunderttausende umsonst investiert zu haben, nicht an sich heranlassen. Er war doch sonst immer so erfolgreich gewesen. Nach einiger Zeit blieb ihm nichts anderes übrig, als schließlich doch Konkurs anzumelden.

Der erste Verlust ist stets der geringste.

Sein Versäumnis: Er ist nicht früh genug in den Schmerz gegangen. Er dachte, er könne seine sechsstelligen Investitionen noch retten. Eine wichtige Weisheit von Kaufleuten lautet jedoch: Der erste Verlust ist oft der geringste. Das Produkt läuft nicht? Verabschiede dich davon! Es blockiert. Lerne aus dem Fehler, fang etwas anderes an! Gerade Kaufleute handeln doch nach der Devise: Der Köder muss dem Fisch schmecken und nicht dem Angler! Neudeutsch heißt das *Customer-Benefit.*

Wer in einer für ihn bedrohlichen Situation nicht wach und *aufgestellt* ist, wird an seinem Sicherheitsdenken festhalten: »Oh Gott, nicht noch einen Schmerz, noch eine Niederlage, noch einen Verlust.« Unternehmer, die nicht früh genug bereit waren, ihre Pläne und Strategien aufzugeben und sich auf neue Verhältnisse einzustellen, haben solch ein Denken und Handeln häufig teuer bezahlt. Man sollte sich auch in solchen Situationen stets die Frage stellen, ob man Recht haben oder Umsatz machen möchte. Gerade wenn sie einen hohen Status erreicht haben, fällt vielen Menschen das Eingeständnis, einen Fehler gemacht zu haben, schwer. Obwohl es sie ehren würde! Wenn die Bereitschaft, für ein Ziel freiwillig in den Schmerz zu gehen, erfordert persönliche Stärke.

Ist Ihnen schon einmal aufgefallen, dass Menschen, die von sich behaupten, sie könnten sich nicht entscheiden, sich jeden Tag entscheiden? Ihre Behauptung ist nur ein Trick, um sich vor der Verantwortung zu drücken. »Ich kann mich nicht entscheiden«, das heißt doch: »Ich habe mich gerade entschieden, dies und jenes auch heute weiterhin wie gehabt zu machen.« Wenn das keine Entscheidung ist!

> *Wer von sich behauptet, er könne sich nicht entscheiden, hat sich bereits entschieden.*

Wer sich nicht vergegenwärtigt, dass er sich entschieden hat, sich nicht zu entscheiden, kann also auch nicht wissen, dass er sich schon entschieden hat. Die Selbstdiagnose: »Ich kann mich nicht entscheiden, ich bin so entscheidungsschwach« soll vor möglicher Unlust schützen. Man könnte behaupten, charakterliche Fehlentwicklungen, Neurosen und ewiges Klagen seien aus der Sicht des Leidenden (als unbewusster Akt) vielleicht nur das geringere Übel, verglichen mit den möglichen schmerzlichen Erfahrungen, die mit dem Loslassen von Sicherheit vermittelnden Überzeugungen und eingefahrenen Verhaltensweisen verbunden sind.

Doch jede vermeintlich falsche Entscheidung ist meist besser als keine Entscheidung. Im Zweifelsfall helfen Würfel. In der Wartehalle des Hamburger Flughafens schlug mir plötzlich einer von hinten auf die Schulter und rief: »Schmerz – ja, sofort!« Ein, gelinde gesagt, leicht misslungener Auftritt. Doch er freute sich und pflanzte sich grinsend vor mir auf: »Sie kennen mich nicht?«

»Nein«, antwortete ich wahrheitsgemäß. »Aber vermutlich haben Sie eines meiner Seminare besucht.«

»Richtig! Vor fünf Jahren waren Sie bei uns im Unternehmen. Da haben Sie uns das mit dem Schmerz erzählt. Und Sie werden es kaum glauben: Gerade gestern Abend saßen wir im Büro und diskutierten über damals: Der Corssen hat seinerzeit gesagt, wenn Ihr entscheiden müsst, es aber immer wieder verschiebt, dann könnt Ihr es genauso gut auswürfeln.

Stellen Sie sich vor, da ist der Chef tatsächlich los und hat Würfel geholt.«

Sie hatten tatsächlich einen Punkt erreicht, erzählte er weiter, an dem sie bereit waren, das Ergebnis des Würfelns zu akzeptieren, sozusagen den Orakelspruch durchzuziehen, loyal und mit vollem Elan. Aber das sei ihnen dann peinlich gewesen und deshalb haben sie die Würfel wieder beiseite gelegt – und sich kurzerhand zum Handeln entschlossen, getreu dem Corssen-Motto: »Schmerz – ja, sofort!«

Schmerzvermeidung in der Konfrontation mit anderen Menschen

Der zweite Bereich, in dem Schmerzvermeidung groß geschrieben wird, ist die wahrhaftige Auseinandersetzung mit anderen Menschen: Liebespartnern, Freunden, Kollegen, Chefs, Kunden. Man vermeidet die Konfrontation, weil man den anderen nicht verletzen will oder negative Konsequenzen befürchtet – was ja auch passieren kann, wenn man ihn als Person herabsetzt. Sie erinnern sich: Es kommt darauf an, das Verhalten von der Person zu entkoppeln! Der Mensch ist immer okay, nur sein Verhalten ist aus meiner Sicht ungünstig für meine Vorstellungen und Ziele. Das Verhalten irritiert oder ärgert mich. Also rede ich darüber. Was bewirkt das Verhalten des anderen bei mir? Was will ich?

»Du, ich mag dich sehr gern, aber dein Verhalten ist aus meiner Sicht ungünstig für das, was ich unter Freundschaft und Zuverlässigkeit verstehe. Ich habe mich über dies und jenes geärgert.« Wenn eine Freundschaft solche Äußerungen nicht aushält, dann ist es vielleicht keine Freundschaft. Ich glaube sogar, dass eine Beziehung eher gestärkt wird, wenn wir unsere Einschätzung einer Situation bei passender Gelegenheit zum Thema machen.

Im Konflikt mit einem Kollegen könnte dieser auf die Äußerung einer enttäuschten Erwartung antworten:

»Das ist Ihr Problem!«

Worauf man erwidern könnte: »Selbstverständlich ist das mein Problem. Ich bin irritiert und will Ihnen auch gar nicht vorschreiben, was Sie zu tun haben. Aber ich mache mir Sorgen, dass wir unser gemeinsam definiertes Ziel auf diese Weise nicht erreichen werden. Ich will es so machen ... Was meinen Sie dazu?«

Das wäre eine gelungene Konfrontation! Was nicht heißt, dass sie von Erfolg gekrönt sein muss!

Schmerzvermeidung im Umgang mit der eigenen Software

Auch die Unlust, seine eigenen Überzeugungen kritisch zu hinterfragen, kann negative Folgen nach sich ziehen. So kann es durchaus unangenehm sein, die persönlichen Einstellungen und Muss-Annahmen einer kritischen Prüfung zu unterziehen: Ist die eigene Software dafür verantwortlich, dass so vieles schief läuft im eigenen Leben?

Es kann als sehr schmerzhaft empfunden werden, etwa die Definition von Liebe, Ehe, Beruf und Karriere zu ändern oder die Einstellung über sich und den Lauf der Dinge umzuformulieren. Doch die Gesetze des Lebens nehmen keine Rücksicht auf unsere Wünsche. Also müssen wir unseren Kontext ändern. Kein Wunder, dass wir das gern hinauszögern und auf die lange Bank schieben.

Aber gerade hierbei ist die Bereitschaft »Schmerz – ja, sofort!« besonders effektiv. Vor allem im Hinblick auf die eigene Zufriedenheit und die Chancen, Ziele zu erreichen.

Die beiden folgenden Übungen lohnen sich für jeden, obwohl ich sie speziell für Vertriebsmitarbeiter entwickelt habe. Sie – die Außendienstler – üben dabei, mit Abweisungen umzugehen, mit dem *äußeren Nein.* Das heißt, sie lernen, Abweisungen zu ertragen und auch das *innere Nein,* also den inneren Schweinehund, zu überwinden – damit sie die Kraft aufbringen, am Telefon oder auf andere Weise zu akquirieren oder zu verkaufen. Ruft ein Vertriebsmitarbeiter 50 potenzielle Kunden an, ist die Wahrscheinlichkeit größer, dass er etwas verkauft, als wenn er nur mit zehn Kunden spricht. Um erfolgreich zu sein, muss er also möglichst viele Kunden anrufen. Und nur wenige sagen »Ja«, die meisten sagen »Nein«. Eine unangenehme Erfahrung, der jeder automatisch auszuweichen versucht.

Wie man sich gegen solch eine geballte Abweisung unempfindlich macht, werde ich mit Hilfe der zweiten Übung erklären. Zuvor möchte ich eine Methode vorstellen, mit der man den »inneren Schweinehund« überwinden kann.

Ein Verkäufer, der von zu Hause aus arbeitete, hatte die telefonischen Anfragen bei potenziellen Kunden zusehends vermieden – mit der Folge, dass seine Umsätze sanken. Daraufhin habe ich mit ihm ein spezielles Ritual eingeübt, nach dem Grundsatz: Wiederholte Handlungen vermitteln Struktur und reduzieren Angst. Um überhaupt erst einmal in Schwung zu kommen, sollte er sein durch Vermeidungsverhalten negativ aufgeladenes Büro verlassen. Weg vom Telefon. Zunächst im Wohnzimmer fünfmal den Tisch umrunden. Fünfmal, aber schnell. Dann fünf Liegestützen. Anschließend sofort ins Bad und die Hände waschen. Dann schnell zum Kühlschrank und ein Glas Wasser trinken. Von dort ins Schlafzimmer zum Kleiderschrank und das karierte Jackett anziehen. Und anschließend innerhalb von zehn Sekunden den vorher ausgewählten Kunden anrufen. Dieses Ritual half ihm, seine

Schwellenangst abzubauen. Der springende Punkt: Die Überwindung setzt bereits im neutralen Bereich ein und nicht erst, wenn es ernst wird. »Schmerz – ja, sofort!«, das hieß in diesem Fall: rum um den Tisch, Liegestützen, Hände waschen, Wasser trinken, Jackett. Das Jackett durfte er nur tragen, wenn er beruflich telefoniert. Nach einigen Tagen begann das Programm Wirkung zu zeigen. Kaum trug er das karierte Telefonjackett, kam er automatisch in Verkaufslaune. Er hat sich selbst wirksam konditioniert.

Übung

Den »inneren Schweinehund« besiegen

Stellen Sie der Bewältigung einer Aufgabe, die Sie Überwindung kostet, ein Ritual im neutralen Bereich voran. Jedes Mal, bevor Sie sich der Aufgabe stellen, führen Sie dieses Ritual aus.

Der springende Punkt dabei ist, dass Sie sich bereits überwunden haben, bevor Sie sich der eigentlichen Aufgabe zuwenden. Die Schwelle, die Sie bislang abgeschreckt hat, ist durch das Ritual niedriger geworden.

Im Abschnitt *Eigen-Macht statt Ohn-Macht* habe ich beschrieben, wie frühkindliche Ängste in unserem Ohnmachts-Speicher aufgezeichnet werden und uns unter Umständen ein Leben lang begleiten (siehe Seite 36 f.).

Als Erwachsener indes kann man diese nunmehr irrationale Furcht mit kleinen, aber regelmäßigen Übungen abbauen – indem man sich bewusst der Abweisung durch andere aussetzt. So bietet man seinem vegetativen Teil, der durch Erlebnisse programmiert wird, die Möglichkeit, früh erworbene Ängste zu verlernen. Wenn man also immer wieder die Nichtbeachtung oder die Ablehnung der anderen überlebt hat, ist man irgendwann desensibilisert, das heißt unempfindlich für diese Situationen geworden, und entwickelt Courage. Und das fördert den geistig-selischen Umsatz und auch den materiellen Gewinn.

Übung

Sich gegen Ablehnung desensibilisieren

Diese Übung ist besonders wirkungsvoll: Sie gehen einfach mit hoch erhobenen Armen eine belebte Straße entlang. Die Passanten werden sich umdrehen und tuscheln oder über Sie lachen.

Die meisten Menschen haben große Angst davor, sich derart in der Öffentlichkeit aufzuführen. Es ist ihnen peinlich, sie würden sich das nicht trauen. Auf Sie trifft das jedoch nicht zu: Sie sind ein SELBST-ENTWICKLER, Sie möchten sich befreien, Sie möchten vorankommen, Sie sind bereit, den Rahmen zu verlassen – und diese Übung ist der Preis dafür. *Schmerz – ja sofort!* im neutralen Bereich einzuüben, das ist aus meiner Sicht eine der besten Trainingseinheiten für die Selbst-Entfaltung. Man lernt, Ablehnung besser wegzustecken, wenn man sich bewusst wiederholt zur Lachnummer macht. Jeden Tag eine Übung, mit der man sich aber nicht überfordern sollte. Wie man zu Werke geht, ist dabei völlig unerheblich; die Hauptsache ist, man fällt auf. Man kann auch rückwärts hüpfen oder alle zehn Meter hochspringen und »Kuckuck« rufen. Das bringt Aufmerksamkeit: Entweder wird man von den »Normalen« ausgelacht, oder sie wenden sich peinlich berührt ab.

1973 habe ich dieses »Ketten sprengen« zum ersten Mal praktiziert und empfohlen. Unter dem Titel *Aufbruch aus der Bequemlichkeit* hat DER SPIEGEL ausführlich darüber berichtet. Der Reporter hatte das gesamte Desensibilisierungs-Programm, von ihm auch als »Anti-Angsthasen-Übungen« bezeichnet, durchlaufen. So war ich mit ihm unter anderem eine Flaniermeile entlanggeschlendert – Hand in Hand, wie ein verliebtes Paar, vorbei an den Straßencafés. Und in einer Metzgerei hatte er im Anzug und mit Kopftuch und hoher Stimme 100 Gramm Gehacktes kaufen müssen. Das alles war ihm furchtbar peinlich gewesen, zugleich aber hatte er während des abwechslungsreichen Übungsprogramms fasziniert die eigenen und die Reaktionen der »Zuschauer« beobachtet.

Falls Sie, lieber Leser und Selbst-Entwickler, diesen Mut auch aufbringen wollen, hilft ein einfacher Gedanke: Fragen Sie sich auch hier wieder, wer eigentlich das Problem hat. Sie jedenfalls nicht, das ist sicher! Sondern jene, die über Sie lachen, aggressiv reagieren oder Ihnen peinlich berührt nachblicken. Denn die tragen alle die irrationale Muss-Annahme in sich, dass man beim Gehen die Arme unten lassen muss – wer sie hoch hält, so ihr Glaubenssatz, ist *ver-rückt.* Am besten lächelt man seine Mitmenschen bei diesen Mutproben liebevoll an und denkt: »Danke, dass ihr mir bei meiner Selbst-Entwicklung behilflich seid!« Wenn Sie gefragt werden, warum Sie das machen, könnten sie ehrlich antworten, dass Sie hier gerade ein »Anti-Ablehnungs-Programm« bewältigen. Und falls Sie das Gespräch kurz halten wollen, sagen Sie, dass es sich um ein Experiment handelt, und dazu gehört, nicht darüber zu reden. Versuchen Sie es einmal, wenn Sie das nächste Mal eine belebte Straße entlanggehen. Trauen Sie sich zehn Meter zu! Und dann steigern Sie langsam den Schwierigkeitsgrad. Zu zweit – im Wechsel – geht das leichter!

Solch ein »Schmerz – ja, sofort!«-Training mag für Sie nicht unbedingt eine dringende Notwendigkeit sein. Dennoch zahlen sich diese Trainingseinheiten in »echten« Situationen im privaten und beruflichen Bereich auf vielfältige Weise aus. Und sie sind nicht nur für den erfolgreichen Umgang mit dem Nein günstig, sondern werfen auch im Kontext der *Selbst-Überwindung* Gewinn ab.

Vom erfolgreichen Umgang mit Abweisungen

Die meisten Menschen haben eine panische Angst vor Abweisungen. Nicht dabei zu sein und nicht mitspielen zu dürfen, nicht beachtet zu werden und keine Anerkennung zu bekommen – all das wird als bedrohlich empfunden. Denn Ohnmachtsempfindungen und Minderwertigkeitsgedanken reaktivieren gespeicherte Kinderängste. Ein Kleinkind, das nicht umsorgt wird, stirbt. Der Mensch als soziales Wesen braucht also den Mitmenschen – er folgt deshalb einem artspezifischen Überlebensmechanismus und vermeidet automatisch mögliche Abweisungen. Zugleich schränkt dieses biologisch bedingte Sicherheitsverhalten unsere Erlebnisfähigkeit ein. Das Motto *No risk – no fun!* beschreibt diesen Sachverhalt treffend. Da wird geklagt, dass das Leben langweilig ist, dass man der Liebe nicht begegnet, dass die berufliche Karriere auf sich warten lässt und und und …

Die simple Erklärung für diese Mängelliste: die Angst vor dem »Nein«, vor der Abweisung. Auf Seite 140 habe ich dieses Thema bereits angesprochen: die Selbst-Desensibilisierung durch Konfrontation mit dem Angstauslöser. Nun möchte ich Ihnen eine Strategie vorstellen, die auf verbaler Ebene – eine bewusstere Stufe – angesiedelt ist.

Mein Ausgangspunkt für eine intensivere Beschäftigung mit der großen Furcht vor dem »Nein« war eine Frage, die ein junger Mann an mich richtete: »Haben Sie als Psychologe nicht eine Zauberformel, einen tollen Satz, wie man erfolgreich Frauen ansprechen kann?« Im Gespräch stellte sich heraus, dass er eine höllische Angst davor hatte, von einer von ihm begehrten Frau einen Korb zu bekommen. Deshalb dieser Wunsch nach einer »wissenschaftlich abgesicherten« Redewendung – sozusagen mit eingebauter Nicht-Abweisungs-Garantie.

Nach einer kurzen Einführung über die Einzigartigkeit der Menschen und insbesondere der Frauen, die eine solche Standardformel unmöglich macht, erarbeitete ich mit ihm einen Satz, der ihm helfen sollte, eine glasklare Abweisung mit Grandezza entgegenzunehmen und so sein Gesicht zu wahren. Und überdies sollte ihn dieser Zauberspruch davor schützen, sich als geprügelter Hund oder als Looser zu fühlen.

Ich möchte Ihnen diese kurze Formel für erlebte Abweisung in szenischer Form, als Rollenspiel, vorstellen. In meinen Seminaren unterstützt mich dabei in der Regel eine Teilnehmerin.

Ort: ein Tanzlokal

Mitwirkende: drei Männer, eine Frau

Handlung: Die Frau wird auf je unterschiedliche Weise von den drei Männern zum Tanzen aufgefordert.

Regieanweisung für die Frau: Jede Aufforderung wird mit dem Satz »Nein danke, ich tanze nicht« abgelehnt.

Erste Szene

Der erste Mann bewegt sich äußerst lässig im Cowboygang à la John Wayne auf die Frau zu, bleibt zwei Meter vor ihr stehen und unterlegt seine auffordernde Handbewegung zur Tanzfläche hin mit den Worten: »Tanzen wir mal.«

Sie: »Nein danke, ich tanze nicht.«

Er: »Wer nicht will, der hat schon.«

Er steckt die Abweisung äußerlich cool weg, schlendert zurück zu seinem Kumpel und prahlt: »Der Tussi hab ich's aber gegeben!«

Zweite Szene

Der zweite Mann geht mit hoch gezogenen Schultern, angelegten Armen und kleinen schnellen Schritten auf die Frau zu. Er verneigt sich, blickt an ihr vorbei und sagt leise: »Dürfte ich bitten?«

Sie: »Nein danke, ich tanze nicht.«

Er, verständnisvoll nickend und schon in der Rückwärtsbewegung, erwidert: »Danke, das macht gar nichts.«

Er geht zur Toilette, betrachtet sich dort im Spiegel und sagt: »Ich hab's doch gleich gewusst. Die Frauen und ich – das geht nicht zusammen.«

Dritte Szene

Der dritte Mann nähert sich der Frau in aufrechter Haltung, nimmt schon von weitem Blickkontakt mit ihr auf und lächelt sie freundlich an. Er tritt an ihren Tisch, neigt sich leicht zu ihr herab und sagt: »Ich möchte gern mit Ihnen tanzen.«

Sie: »Nein danke, ich tanze nicht.«

Er, ihr immer noch zugewandt und mit einem gewinnenden Lächeln, gibt nicht auf: »Schade – ich hätte gern mit Ihnen getanzt.« Dann blickt er sie abwartend an.

Sie, leicht errötend und gegen die Regieanweisung, fast schon entschuldigend: »Ja, eigentlich wollte ich doch gar nicht tanzen …«

Er bleibt am Ball, hält den Blickkontakt und setzt unaufdringlich nach: »Das finde ich wirklich schade. Ich hätte gern mit Ihnen getanzt.«

Sie: »Na gut. Warum eigentlich nicht?«

Bei dieser letzten Szene kommt es in rund 70 Prozent der Fälle also nicht zur Abweisung. Die angesprochene Frau bleibt nicht beim »Nein« und ringt sich zu einem »Ja« durch. Warum? Auf Nachfrage lachen die »Umfallerinnen« und erklären ihr Verhalten meist folgendermaßen:

- Ich weiß auch nicht. Ich hab einfach Ja gesagt.
- Der war so nett und auch charmant – da wollte ich ihm nicht wehtun und bin seiner Aufforderung gefolgt.
- Irgendwie war das ein starker, überzeugender Auftritt von ihm. Das hat mir wohl imponiert.
- Der hat mich so persönlich angesprochen. Der fand mich wirklich toll. Ob das einer für mich ist? Mal sehen …

Falls die Angesprochene doch bei ihrem strikten »Nein« bleibt, kann der dritte Mann das Gespräch nach den beiden »Schade …«– Sätzen mit der höflichen Äußerung beenden: »Ich wünsche Ihnen noch einen schönen Abend. Auf Wiedersehen.« Ein starker Abgang, souverän, ganz und gar nicht arrogant, sondern aufrecht und mit Würde!

Blicken wir noch einmal auf die drei Männer: Wie haben sie sich verhalten?

Der Erste versteckte seine Furcht vor einem Korb hinter der Fassade des coolen Cowboys. Die typische Vorwärtsverteidigung des Angstbeißers. Eine »von oben nach unten«-Kommunikation. Unsympathisch. Vielleicht war er ja auch ganz froh, dass sie nicht wollte. Er wusste ohnehin nicht so recht, wie er sich bei einem »Ja« hätte verhalten sollen.

Der Zweite näherte sich dem Objekt seiner Begierde wie ein Häufchen Elend. Er erfüllte schon mit seinem ängstlichen Auftritt die eigene Prophezeiung einer unvermeidlichen Niederlage. Eine »von unten nach oben«-Kommunikation. Uninteressant.

Der Dritte aber handelte in folgendem Kontext: »Ich biete mich, ein gutes Produkt, auf dem freien Markt an. Das ist erlaubt. Und der andere darf Nein sagen. Das ist auch okay. Ich gebe dabei mein Bestes.« Ist Ihnen aufgefallen, dass er das Gespräch mit den Worten »Auf Wiedersehen« beendet hat? Das ist sehr realistisch gedacht. Denn auf Grund seiner guten Performance darf er sich berechtigte Hoffnungen machen, mindestens noch eine Chance zu bekommen.

Nun zur Moral dieser Geschichte: Wer eine wirksame Strategie für Abweisungen in seinem sprachlichen Repertoire bereithält, kann möglichen Niederlagen erfolgreicher begegnen. Solch eine Worst-Case-Strategie erlaubt einen überzeugenden Auftritt und einen starken Abgang. Dabei kommt es, wie sie erfahren haben, unter Umständen gar nicht erst zu einer Abweisung.

Ich habe Ihre Aufmerksamkeit nicht ohne Grund so ausführlich auf dieses Thema gelenkt. Im beruflichen Alltag ist die geschilderte Strategie eine unabdingbare Voraussetzung für das Ziel Umsatzsteigerung. Wer seine Ware nicht gut anbietet, geht Pleite. Aus meiner Sicht ist eine große Stressstabilität oder Frustrationstoleranz für Verkäufer besonders wichtig. Der Verkauf, so sagt man, beginnt heutzutage häufig erst nach dem zweiten Nein. Was nützt einem Verkäufer das größte Talent oder die beste Schulung, wenn er eine Absage persönlich nimmt und den Kunden missgelaunt verlässt? Er wird sich danach unwohl oder gar schuldig fühlen und diese für ihn unangenehme Situation künftig bewusst oder unbewusst vermeiden. Der größte Vorzug der von mir beschriebenen Strategie besteht darin, dass die Beziehung zum Verhandlungspartner nicht beschädigt wird und man deshalb keine Schwellenangst hat, das Produkt wieder und wieder, auch beim selben Kunden, anzubieten.

Mit Hilfe der folgenden Übung lernen Sie, an dem Nein zu wachsen und Ihren Mitmenschen auf gleicher Augenhöhe zu begegnen. Wer diese Übung mit Bravour besteht, kann den Herausforderungen des Alltags offensiver begegnen.

Übung

Am Nein wachsen

Gehen Sie auf andere Menschen zu, und verlangen Sie etwas von ihnen, von dem Sie glauben, dass man es Ihnen nicht gibt. Reagieren diese Menschen tatsächlich abweisend, dann sprechen Sie den Satz: »Schade, ich hätte gern …« Lassen Sie sich auch durch eine wiederholte Abweisung nicht abwimmeln, sondern (Man nannte ihn die Zecke!) bleiben Sie weiter am Ball: »Das finde ich wirklich schade. Ich hätte gern …«

Und denken Sie an den souveränen Abgang – er bewahrt eine positive Beziehung zur umworbenen Person.

Noch eine kleine Geschichte zum Schluss: Im Verlauf einer Trainingseinheit *Umgang mit dem Nein* – das ist schon 25 Jahre her – besuchte ich mit einer Gruppe von SELBST-ENTWICKLERn, einer Frau und drei Männern, eine Diskothek.

Ich stellte ihnen folgende Aufgabe: »Jeder holt sich heute Abend drei bis fünf Abweisungen. Es geht nicht darum, erfolgreich anzubandeln. Vielmehr ist es das Ziel dieser Übung, dass Sie lernen, Ablehnungen schadlos wegzustecken. Die Umworbenen sind so auszuwählen, dass Sie Ihnen mit hundertprozentiger Sicherheit einen Korb geben. Also: Noch ein Mal tief durchatmen und darauf achten, dass Sie beim ersten *Schade, ich hätte gern* … Blickkontakt halten und dabei, um die Pause besser ertragen zu können, im Geiste 21, 22, 23 zählen. Und nur die gelernten Sätze sprechen, keine Verlegenheitsäußerungen. Volle Konzentration – los geht's!«

Einer fixierte eine äußerst attraktive Frau und steuerte direkt auf sie zu. Jetzt bloß alles richtig machen! »Ich möchte mit Ihnen tanzen.«

Sie: »Ja, gern!«

Er darauf: »Schade, ich hätte gern …« Oh verdammt, die will ja. Also wachsam bleiben – keine Automatismen!

Übrigens haben nur 73 Prozent der Angesprochenen Nein gesagt; konkret: Im Alltag gehen einem die restlichen 27 Prozent – allesamt potenzielle Kunden – oft nur deshalb verloren, weil man diese verflixten Glaubenssätze (»Da läuft sowieso nichts!« – »Die brauchen nichts mehr von uns!«) unnötigerweise in seiner Software mit sich herumschleppt.

Fazit: Sie werden mehr erleben und mehr Gewinn machen, wenn Sie mehr wagen. Und genau das tun Sie, wenn Sie die Angst vor so genannten »Niederlagen« überwinden – Angst ist nichts anderes als ein Tor zum »Mehr«!

Glück ist eine Überwindungsprämie

Auf die Frage »Wie wird man glücklich?«, entgegnete der Dalai Lama: »Tue das, was du tust, mit ganzem Herzen.« Mit anderen Worten: Nicht das, *was* wir tun, führt zu Glück, sondern eher die Art, *wie* wir etwas tun. Eine bemerkenswerte Aussage!

Ist es für unser Wohlbefinden wirklich gleichgültig, *was* wir tun? Es wäre töricht, das zu behaupten. Aber letztendlich spricht vieles für diese Sichtweise. Denn nur wenn wir uns voll und ganz auf eine Aufgabe konzentrieren, sind wir obenauf und werden von unseren automatischen gedanklichen Beiträgen nicht abgelenkt – ich habe diesen Zusammenhang im Kapitel *Selbst-Bewusstheit* aufgezeigt (siehe Seite 77 f.).

Die Frage, ob ich als Kaufmann oder als Wissenschaftler oder als Techniker oder gar als Aussteiger auf einer griechischen Insel meine Erfüllung finden werde, spielt also eine untergeordnete Rolle. Wer glaubt, dass er nur den »richtigen« Beruf ergreifen muss und damit sein Glück gemacht hat, irrt gewaltig. Denn wer defizitorientiert denkt und missmutig seine Pflicht tut, wird weder im einen noch im anderen Beruf dauerhaft zufrieden sein. Sie wissen ja: Die Software, also unser Denken bestimmt unser Erleben. Defizitorientiertes Denken, das sich gewohnheitsmäßig auf den Mangel konzentriert, ist keine günstige Strategie für freudige Gestimmtheit!

> *Defizitorientiertes Denken ist eine Depressionsstrategie.*

Nur wer sich mutig und leidenschaftlich auf das *Wie*, auf das gegenwärtige Erleben und Tun, einlässt, gibt dem *Flow* eine Chance – und das spürt man nirgendwo besser, als auf der Achterbahn des Lebens. Dieses Bild macht die Wechselfälle des Lebens und das Stirb und Werde besonders anschaulich. Wer sich auf diese Achterbahnfahrt eingelassen hat, weiß, wovon ich spreche: Auf jeden – mal mehr, mal weniger steilen – Anstieg folgt irgendwann eine Talfahrt.

Im Hinblick auf den Kontext des SELBST-ENTWICKLERs erfordert dieses Bild eine Präzisierung: Solange wir auf der Achterbahn des Lebens nach oben fahren, verspüren wir Freude und Hoffnung; geht es bergab, haben wir meist Angst, sind enttäuscht, erschöpft, mutlos und verspüren Trauer. Und da wir diese unangenehmen Gefühle nicht akzeptieren und sie negativ beurteilen, bleiben sie wirksam. Wir wissen aber, dass sich ein Gefühl auflöst, wenn man es zulässt und intensiv auslebt. Irgendwann verflüchtigen sich dann Wut, Trauer und Angst. Bejahen wir also den Schmerz als einen möglichen Ausdruck von Leben!

> *Jedes Gefühl verschwindet mit der Zeit, wenn wir es zulassen und ausleben.*

Wenn wir ein Gefühl hingegen verdrängen, belastet es uns länger. Mein Rat: Geben Sie sich Ihren Gefühlen hin. Das heißt: Bei großem seelischem Schmerz zu Hause bleiben, Vorhänge zu, Requiem hören und heulen. Den Gefühlen ihren Lauf lassen. Es hat keinen Sinn, sofort das Großhirn einzuschalten. Das funktioniert nicht. Im Jüdischen gibt es dafür eine sehr schöne Weisheit: »Wenn es einem Menschen schlecht geht, koch ihm ein Hühnersüppchen.« Konkret: Erklär ihm nicht, wie das Leben ist, warum alles so kommen musste und was er machen soll. Sondern sei verständnisvoll, nimm ihn in den Arm, und gib ihm etwas Warmes zu essen. Denn nicht gelebte Trauer kann zu einer Depression führen.

Das gilt auch für Niedergeschlagenheit bei beruflichen Misserfolgen und Enttäuschungen! Häufig haben Männer, die ihre Gefühle unterdrücken, eine depressive Grundstimmung – sie befolgen vielleicht Vaters Spruch »Indianerherz kennt keinen Schmerz«. Sie lassen nichts an sich heran, sie wirken abwesend und kühl. Einige haben wohl Angst davor, dass sie nur noch heulen, wenn sie ihre Trauer so richtig herauslassen, und dann womöglich in der Psychiatrie landen – das allerdings schafft man viel eher, wenn man seine Gefühle nicht wahrnimmt und auslebt.

Wer als SELBST-ENTWICKLER auf der Achterbahn des Lebens genug Gas gibt und die Wegstrecke als Trainingsgelände nutzt, erhält immer wieder neuen Schwung, um aus einem Tief nach oben zu gelangen. Wichtig ist es, dass man trotz gelegentlicher »Niederlagen« an seinem Kurs auf der Berg- und Talbahn festhält und sich nicht den Schneid abkaufen lässt. Intensiv weitermachen heißt die Devise.

Man wird auf dieser Tour auch mal wütend, traurig, verzweifelt sein, man wird sich freuen, man wird lachen, sich verlieben, sich trennen und dann und wann auch ängstigen.

Ich behaupte, dass man so zum Gewinner wird. Zu fragen, warum alles so ist, wie es ist, und weshalb es gerade mich trifft, ist aus der Sicht des SELBST-ENTWICKLERs zweitrangig. Es kommt darauf an, beseelt weiterzugehen, sich zu überwinden: Glück ist eine Überwindungsprämie. Gesundheit, Liebe, Glück und Erfolg sind nichts anderes als Nebenprodukte intensiven Lebens.

Diese Tatsache machen sich Langstreckenläufer zu Eigen. Sie wissen, dass die Endorphine (aus: endogen und Morphin) ins Blut schießen, wenn sie nur lange genug laufen. Unser Körper ist sozusagen ein Morphiumproduzent. Dem Aufruf *Keine Macht den Drogen* müsste der Vorschlag folgen: Überwindet euch, und ihr bekommt guten Stoff ins Blut.

Wer nur Bücher über Liebe oder über Erfolg liest und den Schritt auf die Achterbahn nicht wagt, setzt aufs falsche Pferd. Nicht das Lesen kluger Bücher, sondern das Wagnis Leben wirft Glück ab!

▌ *Über-leben = Sicherheit, Er-leben = Risiko*

Im Rahmen eines Karriere-Coachings erzählte mir eine 32-jährige Frau, wie sie in einer Münchner Bar stand und deprimiert war, weil die letzten Beziehungen »unglücklich«, also nicht wunschgemäß verlaufen waren: »Immer dasselbe mit den Männern ...« Dann erblickte sie einen Mann, der eigentlich ihr Typ war. Doch statt ihn zu einem Annäherungsversuch zu ermutigen, zahlte sie und verließ deprimiert das Lokal. Rauf auf die Achterbahn – nein danke! Sie berichtete vorwurfsvoll, dass sie zu feige gewesen sei, um zu flirten: »Ich habe mich wieder völlig falsch verhalten. Dabei hätte ich so gern einen Freund.« Im Kontext ihres gegenwärtigen Angst- und Denksystems, erklärte ich ihr, habe sie doch völlig richtig reagiert: »Sie haben sich für Sicherheit entschieden und das auch durch ihr Verhalten demonstriert.«

Es ist auffällig, wie viele Menschen sich ihr selbst bestimmtes Verhalten später vorwerfen und sich einen Strick daraus drehen. Wer klagt, dass sich nichts ereignet, dass er nichts erlebt, muss auf Risiko setzen. Noch einmal: *No risk – no fun!*

Neue Wege gehen

Die Notwendigkeit von unternehmerischem Denken und innovativem Handeln wird heute gebetsmühlenartig betont: Wir sollen das Althergebrachte überwinden, den Rahmen sprengen, die Komfortzone verlassen, Try-and-Error-Strategien anwenden, kreativ sein ... All das haben wir oft genug gehört. Aber solange der einzelne Mitarbeiter sich diese Notwendigkeiten nicht zu Eigen macht, bleibt es bei den Schlagworten, und die Gewinnerwartungen müssen früher oder später nach unten korrigiert werden. Ich habe es schon eingangs angesprochen und möchte es an dieser Stelle noch einmal betonen: Das Prinzip der Funktionsoptimierung hat ausgedient. Wer verunsichert ist und Angst hat, Fehler zu machen, wird sich nur auf das konzentrieren, was er kann, und versuchen, es noch besser zu machen. Doch das Gebot der Stunde heißt Prozessmuster-Wechsel, konkret: etwas Neues wagen, etwas *Ver-rücktes* tun und damit Gewinn machen. Die gewünschten Veränderungen müssen beim Einzelnen beginnen, der SELBST-ENTWICKLER ist gefragt! Und was im Beruf so dringend gebraucht wird, kann auch im Privaten von Nutzen sein. Vor allem hier kann man mit dem Loslassen und dem Neuen beginnen – und es einüben. Die persönliche Flexibilität wird sich dann bald auch Gewinn bringend im Beruf zeigen.

Routine ist der Feind jeder Veränderung.

Viele ersticken fast in ihren Gewohnheiten und Routineabläufen. Daran etwas zu ändern, ist einfacher als wir denken. Wer es wirklich ernst meint mit innovativen Veränderungen im Beruf oder mit der Erweiterung der eigenen Potenziale, sollte kleine Loslass-Übungen in seinen Alltag einbauen. Jeden Tag eine Kleinigkeit anders machen als sonst – das hält wach. Zum Beispiel Reihenfolgen verändern: Erst die Milch in die Tasse und dann den Kaffee, statt wie üblich umgekehrt. Man wird achtsamer für den »Maschinenteil« der eigenen Persönlichkeit.

Einem SELBST-ENTWICKLER habe ich einmal geraten, die Reihenfolge beim morgendlichen Anziehen zu ändern. Daraufhin zog er zuerst die Socken an, dann die Schuhe; an denen blieb er mit der Unterhose hängen und fiel hin. Er ist sozusagen aus seinem automatischen Anziehverhalten herausgefallen. Aber an den Tag erinnert er sich noch heute.

Das genau bezweckt die Übung: »Ich bin mir dessen bewusst, was ich mache!« Und nicht: »Es zieht mich an, und ich weiß hinterher überhaupt nicht, wie ich in die Kleider gekommen bin.« Wer weiß, was er tut, kann sein Denken und Handeln auch ändern.

Georg Iwanowitsch Gurdjieff hat das so beschrieben: »Der Mensch ist wie eine Maschine, er wird geboren und stirbt, ohne aufgewacht zu sein.« Also: *Es* steht mich auf, *es* denkt mich, *es* arbeitet mich. Um der Zeuge seines Denkens und Handelns zu werden, muss man jeden Tag ein zweites Mal aufwachen. Wie gesagt: Dieses bewusste Erleben kann man mit kleinen Übungen trainieren: zum Beispiel einen anderen Weg zur Arbeit fahren, neue Kombinationen in der Garderobe testen, etwas anderes essen als üblich. Beim Chinesen nicht immer die Nr. 18 bestellen, sondern ruhig mal die unbekannte Nr. 59. Vielleicht werden Ihnen Schwalbennester serviert, und die mögen Sie nicht. Aber immerhin wissen Sie jetzt, wie sie aussehen.

> *Wer alltägliche Routinen ändert, entwickelt sich zum Change-Manager.*

Verlassen Sie den gewohnten Rahmen, wagen Sie eine kleine Mutprobe! Das erweitert Ihren Erfahrungsschatz. Wer immer den bekannten und bequemsten Weg geht und damit Unlust vermeidet, bleibt in seiner Entwicklung stehen. Diese Überwindungs-Übungen lassen den SELBST-ENTWICKLER reifen; sie sind das Elixier des Change-Managers: Wer das Loslassen trainiert und sich darauf einstellt, Neues zu erleben, erarbeitet sich die geforderte Flexibilität, um im oft zitierten Auf und Ab des Lebens mit Freude und Erfolg zu bestehen!

Das Wichtigste in Kürze

- Psychosomatische Störungen, depressive Verstimmungen, private und berufliche Pleiten sind meist Folgen von Schmerzvermeidung.
- Es gibt drei Bereiche, in denen Schmerzvermeidung besonders kostspielig ist: bei anstehenden Entscheidungen, in der Konfrontation mit anderen Menschen und im Umgang mit den eigenen Glaubenssätzen.
- Die intelligenteste Form, mit dem Leben umzugehen und die gesteckten Ziele zu erreichen, heißt: Schmerz – ja, sofort!
- Wer von sich behauptet, er könne sich nicht entscheiden, hat sich bereits entscheiden.
- Wer wartet, dass *es* sich entscheidet, blockiert sich und begibt sich in eine kindliche Ohnmachts-Situation.
- Das *Wie* bestimmt letztlich unser Glück, weniger das *Was.*
- Der SELBST-ENTWICKLER lebt intensiv; er begibt sich auf die Achterbahn des Lebens, weil er weiß, dass Glück eine Überwindungsprämie ist.
- Routine ist der Feind jeglichen Wachstums. Der SELBST-ENTWICKLER verändert automatische Abläufe bewusst, um sie zu durchbrechen.
- *Übung: Den »inneren Schweinehund« besiegen*
  Entwickeln Sie im neutralen Bereich ein Ritual, das Sie immer dann abspulen, bevor Sie eine Aufgabe angehen, die Sie Überwindung kostet. Der Clou: Sie haben sich bereits überwunden, bevor es ernst wird. Die zu überschreitende Schwelle wird dadurch niedriger.
- *Übung: Sich gegen Abweisung desensibilisieren*
  Machen Sie etwas Verrücktes, das Aufmerksamkeit erregt. Gehen Sie zum Beispiel mit erhobenen Armen durch eine Fußgängerzone. Dadurch lernen Sie mit der Zeit, Ablehnung besser wegzustecken.

- *Übung: Am Nein wachsen*
  Gehen Sie auf andere Menschen zu, und verlangen Sie etwas von ihnen, von dem Sie glauben, dass man es Ihnen nicht geben wird. Reagieren Sie auf eine Abweisung mit dem Satz: »Schade, ich hätte gern ...« Und bleiben Sie weiter am Ball. Auf diese Weise lernen Sie, an dem Nein zu wachsen, und begegnen Ihren Mitmenschen auf gleicher Augenhöhe: Wer für einen sympathischen Abgang sorgt, schafft die Voraussetzung, um sich oder sein Produkt erneut anzubieten.

Statt eines Nachwortes

Selbstentwicklung hört nie auf! Als Ivan Lendl die Tennis-Weltrangliste anführte, hat er so hart trainiert wie nie zuvor. Er war ein »übender Meister« und wusste: Gerade derjenige, der oben angekommen ist oder meint, es geschafft zu haben, muss sich weiterentwickeln, sonst stürzt er schnell wieder ab.

Für alle, die es mit dem SELBST-ENTWICKLER ernst meinen und an sich arbeiten wollen, habe ich deshalb noch zwei Vorschläge.

Übung

Auf dem Stuhl stehen

Diese Übung eignet sich gut als Anker für Selbst-Bewusstheit und ist sehr wirksam in persönlichen Krisensituationen.

Stellen Sie sich jeden Tag exakt eine Minute lang auf einen Stuhl. Nicht länger, nur eine Minute. Wenn Sie gefragt werden, weshalb Sie das machen, antworten Sie: »Weil ich es mir vorgenommen habe.« Darin liegt der ganze Sinn dieser Übung: Sie haben sich etwas vorgenommen, und Sie machen es, unabhängig davon, was um Sie herum geschieht. Auf Außenstehende macht dieses Ritual den Eindruck, als sei es sinnlos. Für Sie jedoch ist es sinnvoll – einzig und allein, weil Sie es sich vorgenommen haben.

Verstehen Sie mich bitte nicht falsch: Sie machen die Übung nicht, um einmal innezuhalten, und auch nicht, um als Zeuge aus einer erhobenen Position auf Ihr Leben zu blicken. Der tiefe Sinn dieser Übung liegt schlicht und einfach darin, dass Sie eine Vereinbarung einhalten, die Sie mit sich selbst getroffen haben. Wenn Sie dranbleiben, erschaffen Sie sich dadurch einen guten Halt.

Stellen Sie sich vor, dieses Stuhl-Stehen ist für Sie zu einem festen und geschätzten Ritus geworden. Eines Tages kommen Sie nach Hause und stehen vor den qualmenden Überresten Ihrer Wohnung. Alles abgebrannt! Was tun

Sie? Sie gehen zum Nachbarn, leihen sich einen Stuhl und stellen sich genau eine Minute lang darauf – wie jeden Tag … Natürlich dürfen Sie dabei weinen, wütend oder traurig sein. Doch der SELBST-ENTWICKLER bleibt weiterhin auf der Berg- und Talbahn des Lebens und gibt sein Bestes. Einem sich selbst entwickelnden Stuhl-Steher kam dabei ein geflügeltes Wort in den Sinn, das auf Martin Luther zurückgeht: »Wenn ich wüsste, dass morgen die Welt untergeht, würde ich heute noch ein Apfelbäumchen pflanzen.«
Abschließend noch eine kurze Anmerkung zu dieser doch recht anspruchslosen Disziplin-Übung: Es gibt Menschen, die wollen mit meiner Unterstützung sich oder ihr Leben ändern – und schaffen es nicht ein Mal, dieses kurze Stuhl-Ritual über längere Zeit durchzuhalten …

Für den Fall, dass Sie sich das Stuhl-Stehen als Anker für Ihre Selbst-Entwicklung vornehmen und daran scheitern, habe ich einen anderen Vorschlag: Wählen Sie aus den nachfolgenden »Grund«-Sätzen des SELBST-ENTWICKLERs nur einen einzigen aus und lesen Sie sich ihn täglich, am besten morgens, über mehrere Monate hinweg vor, nach dem Motto: Einsichten ändern nichts, nur wiederholte Einsichten materialisieren sich auf der Verhaltensebene!

1. Das Credo des SELBST-ENTWICKLERS: Ich entscheide mich ganz bewusst, nicht darauf zu warten, dass sich etwas entwickelt, sondern ich beginne damit bei mir selbst. So erschließe ich mir Eigen-Macht und Freude.
2. Am Anfang sind unsere Einstellungen; sie sind die Quellen unserer Gedanken, Gefühle und Verhaltensweisen.
3. Was ist, ist – und wie ich es beurteile, ist mein ganz persönlicher Beitrag zum Leben. Dieser Beitrag bestimmt mein Erleben und mein Verhalten – nicht das, was ist.
4. Der Beitrag des SELBST-ENTWICKLERS heißt: Die Situation ist mein Coach, und ich bin ihr Schüler.

5. Wo ich bin, will ich sein. Alles andere war mir bisher in meiner Vorstellung zu teuer.
6. Nur wer sich bewusst macht, dass er das, was er gerade tut, wirklich will, kann sich auch entscheiden, etwas anderes zu tun, und zu neuen Ufern aufbrechen.
7. Verfolge dein Ziel, als ob du es nicht hättest, und tue das, was du tust, so gut du heute kannst (präzise und schnell).
8. Ich liebe mich ohne Bedingungen, und mein Verhalten kann ich auf ein Ziel hin verbessern.
9. Auf Dauer nimmt die Seele die Farbe meiner Gedanken an.
10. Ich habe keine Lust, und ich tue es, weil es günstig für mein Ziel ist.
11. Private und berufliche Pleiten sind meistens Folgen von Schmerzvermeidung.
12. Eine der intelligentesten Methoden, mit dem Leben umzugehen und Ziele zu erreichen, ist: Schmerz bzw. Überwindung – ja, sofort!
13. Rauf auf die Achterbahn des Lebens?! Glück ist auch eine Überwindungsprämie.

Anhang

Beiträge meiner Gesprächspartner über sich und bestimmte Lebenssituationen

Wenn Sie die Informationen über den SELBST-ENTWICKLER verinnerlicht haben, erkennen Sie schnell, mit welchen gedanklichen Beiträgen oder mit welchem Verhalten sich die Betroffenen auf eine Rolle festlegen und damit eine Veränderung ihrer Sichtweise oder einer Situation erschweren.

Versuchen Sie auf die Aussagen, die Sie betreffen, eine Antwort aus der Sicht des SELBST-ENTWICKLERs zu formulieren, und schlagen Sie hierfür ruhig noch einmal im Text nach. Auf diese Weise vertiefen Sie das Gelesene und können es besser abrufen, wenn es die Situation verlangt.

Ich habe meiner Familie gegenüber ein schlechtes Gewissen, weil ich zu viel arbeite.

Ich kann sehr schlecht mit Misserfolgen und Niederlagen umgehen.

Ich kann nicht mehr abschalten und entspannen, weil ich andauernd an meine beruflichen Probleme denken muss.

Ich habe so viel Stress, weil ich nicht Nein sagen kann.

Ich will immer alles hundertprozentig richtig machen, aber mein Perfektionismus lähmt mich immer mehr.

Als Chef bin ich beliebt und erfolgreich, aber als Ehemann und Vater bin ich eine Niete.

Ich kümmere mich um alles, nur nicht um mich selbst.

Ich vermeide es, meinen Kollegen offen die Meinung zu sagen.

Es ärgert mich maßlos, dass ich meine guten Kenntnisse über Menschenführung nicht beherzige.

In meinem Job mache ich seit längerer Zeit Dinge, die mich nicht interessieren und die ich auch unmoralisch finde.

Der Druck von außen und innen macht mich fertig.

Über die völlig unrealistischen Zielsetzungen der Geschäftsführung kann man doch nur lachen. Das ist ein Wahnsinn.

Wenn meine Kollegen nicht so ignorant und faul wären, könnte mir meine Arbeit sogar Spaß machen.

In meiner Position muss ich mehreren Meistern dienen. Und da bin ich meist der Dumme.

Ich habe Angst, zu versagen.

Ich habe nicht den Mut, meinem Chef zu widersprechen. Ich bin einfach zu feige.

Mein Arzt sagt, dass ich meine nervösen Störungen nur wegbekomme, wenn ich mich ändere. Ja – was denn, wie denn?

Für meine Firma habe ich Frau und Kinder, Freunde und Hobbys vernachlässigt. Und jetzt will man mich entlassen.

Ich habe leider keine Zeit, um die Dinge zu machen, die mir am Herzen liegen.

Am liebsten würde ich alles hinschmeißen. Aber das geht ja nicht.

Wozu das alles?

Für die da oben zählt doch das Schicksal des Einzelnen nicht.

Ich bin völlig überfordert, wenn meine Mitarbeiter mit ihren persönlichen Problemen zu mir kommen.

Wenn ich nicht völlig überzeugt bin von einer Arbeit oder einem Ziel, kann ich mich nicht motivieren.

Ich bekomme meinen privaten und beruflichen Bereich nicht unter einen Hut. Da fehlt die Balance.

Ich konnte mich schon als Kind schlecht entscheiden. Das ist bis heute so geblieben.

Ich ertrinke in täglichen Routinearbeiten – und das Wichtige bleibt dabei leider liegen.

Ich komme mit mir selbst nicht klar, soll aber andere coachen.

Ich kann eigentlich mehr, als ich in diesem permanenten Stress leiste.

Wenn ich nicht gelobt werde, arbeite ich missmutig und mit halber Kraft.

Ich möchte Ruhe bewahren können, wenn der Kunde schreit und beleidigend wird.

Ich kann meine Individualität nicht bewahren, wenn ich mich mit der Firma voll identifiziere.

Auch wenn es mir schlecht geht, möchte ich mich motivieren können.

Verzeichnis der Übungen und Aufgaben

Bettkantenübung	42
Bewusstheitsübung	55
Drei-Tage-Übung	56
Ziele formulieren	73
Hindernisse bewusst machen	73
Bild der Freude	76
Verbesserung der Konzentrationsfähigkeit	78
Umgang mit automatischen Störgedanken	79
Der Zeuge seiner Jammerlieder sein	79
Selbsthypnosen überwinden	85
Denksportaufgabe	86
Laborversuch: Käse in Box sieben	92
Inseln des Funktionierens schaffen	108
Eine Methode, sich das Rauchen abzugewöhnen	114
Den »inneren Schweinehund« besiegen	139
Sich gegen Ablehnung desensibilisieren	140
Am Nein wachsen	146
Auf dem Stuhl stehen	157

Register

A

Achterbahn des Lebens 148 f.
äußeres Spiel 122 f.
automatische Störgedanken 74 ff., 79

B

Beispielgeschichten
  Adam wird Chefkoch 120
  Advent in Braunlage 38 ff.
  Auf dem Tennisplatz 87 f.
  Der blöde Spanischkurs 96
  Der Flug nach Düsseldorf 61 ff.
  Der Japaner und der »Lettich« 54
  Der missratene Sohn 65
  Die griechische Insel 48 ff.
  Die nächtliche Autopanne 60
  Die schmerzhafte Pleite 133 f.
  Drei Männer wollen tanzen 143 ff.
  Ein Mann verlässt das Gefängnis 95
  Ein Prokurist gräbt den Wald um 116 f.
  Eva und Adam im Paradies 55
  Eva will in den 7. Stock 120 f.
  Jogurt vor acht 106
  Mäuse, Menschen und Käse 92 ff.
  Vom strahlenden Stern zum Vollidiot 57 f.
Beitragsphilosophie 52 ff.

C

Change-Manager/-Management 12, 13, 29, 60, 90, 153
Commitments 105 f.

D

Dalai Lama 132, 148
den Rahmen verlassen 89 f.
Denken
  abschalten 77
  defizitorientiertes 148
Depression 20, 31, 53, 91, 149
dissonant leben 47

E

Eigen-Macht 36 ff., 42, 75
Einstellungsänderung 25
Entscheidungen vermeiden 81, 134 ff.
Erfolg
  Neudefinition 21
  und persönliche Leistungsfähigkeit 20
erfolgreiche Menschen
  Eigenschaften 22
  Fähigkeiten 23
Erfolgsfaktoren 21

F

Flow 118 f.
freudige Gestimmtheit 35 ff.
Funktionsoptimierung 13, 151

G

Gefühle ausleben 53, 58, 149
Gesetzmäßigkeiten des Lebens 30
Glaubenssätze 88 ff.
  verteidigen 25
  unerfüllte 91

Glaubensziel 121
Glück als Überwindungsprämie 148 ff.
Goethe, Johann Wolfgang 29
Grübeleien 74 ff.
Gurdjieff, Georg Iwanowitsch 52

H
Handlungs- und
Prozessorientierung 121
Herausforderungen als
Trainingseinheiten 60 ff.
Hindernisse bewusst machen 73

I
Ich-AG 32 ff.
innere Kündigung 20
inneres Spiel 122 f.
Inseln des Funktionierens 107 f.
irrationale Muss-Annahme 41, 88 ff.

K
Kaizen 104
Keyserling, Hermann Graf 76
Konfrontation mit anderen
Menschen 136
Konfrontationen vermeiden 81
konsonant leben 47
Kontext des eigenen Erlebens 71 f.
Konzentration halten 119
Konzentrationsfähigkeit 86
Kosten des eigenen Denkens 96

L
Laotse 82, 105
Leistungsziel 212
Loslassen von alten Lösungen und
Überzeugungen 29 f.

M
Marc Aurel 80
mentale Stabilität 74

N
negative Erwartungen 93

O
Ohn-Macht 36 ff.
Umgang mit 37, 65
Opferhaltung, -rolle 45, 54, 58, 62 f.
Opferspiel/-er 14, 42, 48, 51, 59, 67, 89

P
Perfektionismus, Gefahren 122 f.
Persönlichkeits-Entwicklung 80
Konzept 26
Projektionen 53 f.
Prozessmuster-Wechsel 13, 152
psychosomatische Erkrankungen
48, 131

Q
Quatschi 75 ff., 80 f., 86

R
Recht haben 53, 94
Routine überwinden 152 f.

S
Schmerzvermeidung 131 ff.
Selbstbefragung 72 f.
Selbstbegrenzungen 86 ff.
Selbst-Bewusstheit 71 ff.
Definition 26, 71
Selbsteinschätzung und Realität 83 f.
Selbst-Entwickler
Anpassung an neue
Bedingungen 67
Charakterisierung 68 f.
Credo 88
den eigenen Sinn erschaffen 64
Erleuchtungssätze 38, 40, 51 f.
färben des Unterbewusstseins
110

Geisteshaltung 38
Instrumente 26
Kontext des 14, 24, 61
Lernbereitschaft 67
ultimative Erfolgformel 119 f.
Umgang mit Kritik 122 f.
Umsetzung von Problemlösungen 34
Verantwortung für Erleben und Handeln 51
Selbst-Entwicklung, politische Dimension 35
Selbsthypnosen 82 ff.
überwinden 84 f.
Selbstliebe 103
Selbst-Überwindung 26, 131 ff.
Selbst-Verantwortung 29 ff.
Definition 26
Selbstverpflichtungen einhalten 105 ff.
Selbst-Vertrauen 103 ff.
aufbauen 104
Definition 26
Selbstwertgefühl und Leistungserfolg 103
Shell-Studie 33
sich aufstellen 64, 115 f.
Siegerhemmung 109
Software
Umgang mit der eigenen 137 f.
veraltete 31 f.
Software-Entwicklung 80

U

Umgang
mit Ablehnung, mit 140 ff., 146
mit dem Wandel 29
mit Enttäuschungen 91 f.
Unterbewusstsein
als Befehlsempfänger 82
und Visionen 110, 112

V

Verhaltensänderung 32
Vermeidungsverhalten überwinden 138
Verunsicherung des Wahrnehmungsvermögens 90
Visionstechnik 109 ff.
Vorurteile 95

W

Werte und Ziele des Lebens 46 ff.